海外中国研究丛书
刘 东 主编

[美] 狄百瑞 著
何兆武 何冰 译

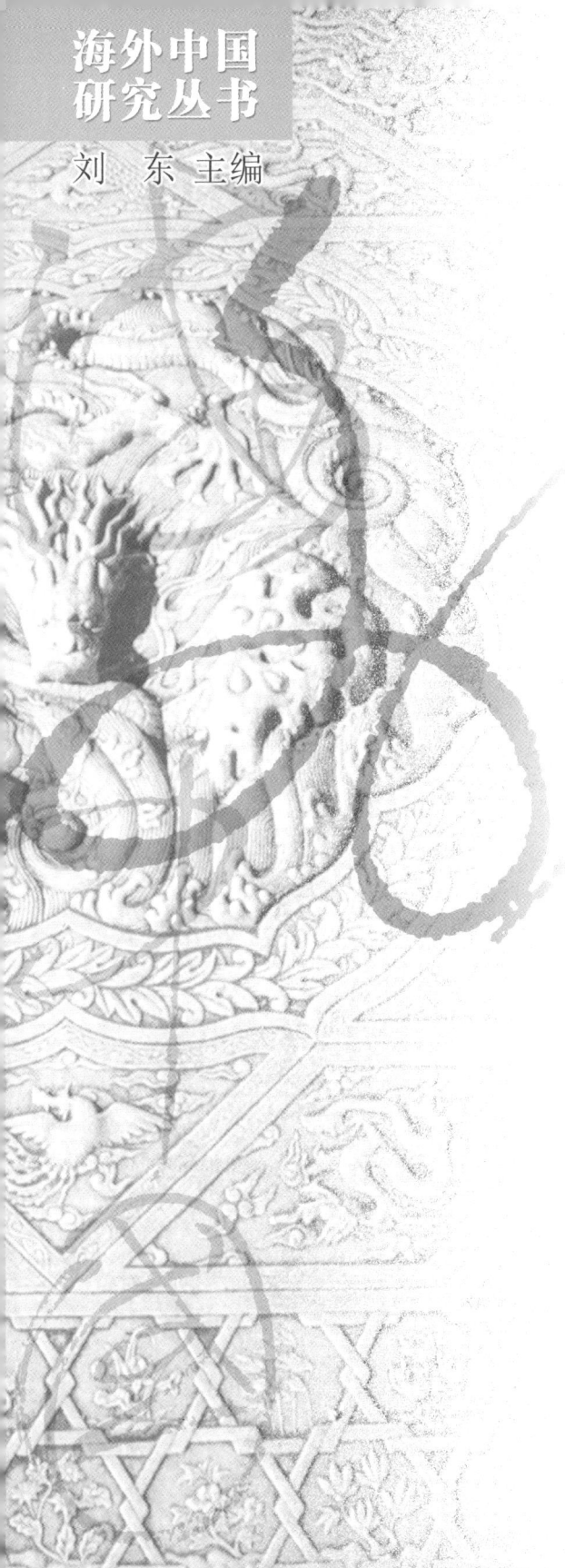

东亚文明
五个阶段的对话

EAST ASIAN CIVILIZATIONS
A Dialogue in Five Stages

江苏人民出版社

图书在版编目(CIP)数据

东亚文明:五个阶段的对话/[美]狄百瑞著;何兆武,何冰译.
—南京:江苏人民出版社,2012.1(2022.2重印)
(海外中国研究丛书/刘东主编)
ISBN 978-7-214-07079-1

Ⅰ.①东… Ⅱ.①狄… ②何… ③何… Ⅲ.①传统文化-研究-东亚 ②思想史-研究-东亚 Ⅳ.①K310.3

中国版本图书馆 CIP 数据核字(2011)第 077313 号

EAST ASIAN CIVILIZATIONS: A Dialogue in Five Stages
by Wm. Theodore de Bary
Copyright © 1988 by the President and Fellows of Harvard College
Published by arrangement with Harvard University Press
through Bardon-Chinese Media Agency
Simplified Chinese edition copyright © 2020 by Jiangsu People's Publishing House
ALL RIGHTS RESERVED
江苏省版权局著作权合同登记号:图字 10-2016-319 号

书　　　名	东亚文明:五个阶段的对话
著　　　者	[美]狄百瑞
译　　　者	何兆武　何　冰
责 任 编 辑	孙　立　洪　扬
助 理 编 辑	解冰清
装 帧 设 计	陈　婕
责 任 监 制	王　娟
出 版 发 行	江苏人民出版社
地　　　址	南京市湖南路 1 号 A 楼,邮编:210009
照　　　排	江苏凤凰制版有限公司
印　　　刷	江苏凤凰扬州鑫华印刷有限公司
开　　　本	652 毫米×960 毫米　1/16
印　　　张	10　插页 4
字　　　数	115 千字
版　　　次	2012 年 1 月第 1 版
印　　　次	2022 年 2 月第 5 次印刷
标 准 书 号	ISBN 978-7-214-07079-1
定　　　价	35.00 元

(江苏人民出版社图书凡印装错误可向承印厂调换)

序"海外中国研究丛书"

中国曾经遗忘过世界,但世界却并未因此而遗忘中国。令人嗟讶的是,20世纪60年代以后,就在中国越来越闭锁的同时,世界各国的中国研究却得到了越来越富于成果的发展。而到了中国门户重开的今天,这种发展就把国内学界逼到了如此的窘境:我们不仅必须放眼海外去认识世界,还必须放眼海外来重新认识中国;不仅必须向国内读者迻译海外的西学,还必须向他们系统地介绍海外的中学。

这个系列不可避免地会加深我们150年以来一直怀有的危机感和失落感,因为单是它的学术水准也足以提醒我们,中国文明在现时代所面对的绝不再是某个粗蛮不文的、很快就将被自己同化的、马背上的战胜者,而是一个高度发展了的、必将对自己的根本价值取向大大触动的文明。可正因为这样,借别人的眼光去获得自知之明,又正是摆在我们面前的紧迫历史使命,因为只要不跳出自家的文化圈子去透过强烈的反差反观自身,中华文明就找不到进入其现代形态的入口。

当然,既是本着这样的目的,我们就不能只从各家学说中筛选那些我们可以或者乐于接受的东西,否则我们的"筛子"本身就可能使读者失去选择、挑剔和批判的广阔天地。我们的译介毕竟还只是初步的尝试,而我们所努力去做的,毕竟也只是和读者一起去反复思索这些奉献给大家的东西。

刘　东

献给端·克茵①

---

① 端·克茵(Donald Keene,1922—):美国的日本文学研究者。——译者注

出版说明

我国的社会主义现代化事业迫切需要理论上的借鉴与创造。为此，我社在优先出版以马列主义、毛泽东思想为指导的、关于坚持走有中国特色社会主义道路的理论著作的同时，也适当选择一些海外学者研究中国的较有影响的著作出版。海外学者占有的丰富资料，他们的研究视角和某些方法，对我们认识中国的国情，评估中国文化的传统、心态及其前景，从而推进我国的改革开放和两个文明的建设，都有着启迪和借鉴意义。当然，他们的著作也存在这样那样的局限，甚至同我们存在着某些原则分歧，这是需要读者加以认真审察和辨识的。同时，任何借鉴都代替不了自己的创造，具有中国特色的社会主义理论要靠我们自己从中国当代的实践中去概括和总结。我们编辑出版的这套丛书只求为此提供某种有益的参照和比较。如果这套丛书能在这方面发挥应有的作用，我们将感到欣慰。

江苏人民出版社　1992年

目 录

作者为本书中文版所写的序言　1

序言　1

第一章　古典的遗惠　1

第二章　佛教时代　20

第三章　新儒家阶段　39

第四章　东亚的近代转化　61

第五章　后儒家时代　97

第六章　东亚与西方：互相追赶　112

索引　127

译后记　135

作者为本书中文版所写的序言

1986年我首次接到邀请,去哈佛大学举办赖绍华讲座,内容是有关东亚作为一个整体的、题材广泛的四次公开讲演;要构想一个同样可以适用于中国、高丽和日本的主题,这对我来说乃是一项挑战。最后我决定在历史发展的四大阶段的基础上组织成这一讲演,首先是以下迄公元200年为止的中国古典文明为代表,继之是(公元3世纪至10世纪)由佛教占统治地位的时代,自11世纪至19世纪的新儒家运动,以及最后是受到西方强大影响(有时候是通过日本而传给中国和高丽)的近代。这四个阶段合起来,就代表着东亚所共享的文明,而同时又容许通过这种共享传统的重叠而坚持其本土的文化。

我的意图是要把东亚的统一性和分歧性作为多文化的世界文明的一个典型来阐述;而未来多文化的世界文明必须是在各种基本上由人类所共享的价值基础之上来肯定文化分歧性的价值。没有对这些基本价值的某种一致认识,就没有可以保卫文化自由与分歧性的根据。然而,在这三种东亚文明中,我们有可能看到,这种共享的过程,对各自文化的丰富化和益处都是怎样——历史地,而不仅是理想地——发生的。

并且,根据这同一理由,我希望强调的不仅是处于其全部的变异性之中的文化,而且尤其是在各种复杂的社会之中维系着文明生活的那些价值。文明在这种意义上,按照此词的原来意义而言,就蕴涵着某种更高级的社会组织,它们通常都是由其各个部分功能的分工和相互依存的缘故而在一定限度上城市化了。为此,一种更高层次的沟通就是必要的,因而就有了文字的与文人的讨论。在西方,各个复杂文明之内与之间的这种更高一级的沟通,是在我们所称之为"公民讨论"的形式中发展起来的,而维持这种公民讨论的体制通常就称之为"公民社会",此词通常是指在国家与社会(人民)之间促进了这种沟通的内在结构。

当我试图在一部很简短的指南中论证东亚所共享的文明成分时,这就是我心目之中主要的东西。显然,在这方面我的焦点是十分狭隘的,而且是有选择性的。例如,它倾向于把焦点更集中在儒教上而不是其他的思想体系上,这恰好是因为儒教在其全部的文明功能中特别关系到"文":公民生活、公民讨论、人道、文学,等等。自从我的赖绍华讲演作为《东亚文明》一书出版后,我继续在从事有关公民社会的各种问题的研究,并且已经就此又写出了《儒教的困境》(1992年,哈佛大学出版社)和《等待天亮》(1993年,哥伦比亚大学出版社)等书。我还积极地在一种多文化的(亦即非欧洲中心的)基础之上,组织了各种讨论公民社会与人权的座谈会。但是对于讨论这类问题来说,本书提供了一个更为广阔的关联域(context)和视角;并且我极为欣赏何兆武教授努力提供了一部《东亚文明》的中文译本,作为对这些问题进行更进一步的多文化对话的一个基础。

在结尾时,我愿意在这里再次提到我的《等待天亮》一书所献给的那些中国学者的名字。尽管他们中间大有不同,却都是学者,而且我本人十分有幸都认识他们,并从他们的著作中学习了许多东西。凡是我在中国研究的领域里力图做出的一切,都是出于要报答我大大有负他们的东西:

梁方仲(1908—1970)

胡适(1891—1962)

冯友兰(1895—1990)

钱穆(1895—1990)

唐君毅(1909—1978)

陈荣捷(1901—)

狄百瑞

哥伦比亚大学荣誉退休教授、副校长

1994年3月15日

序　言

　　1941年秋,我得到哥伦比亚大学一笔访问奖学金来哈佛大学,当时我非常有幸能成为赖绍华①基础日语和东亚史(他的自传现在是这样写的,但当时是给远东系开的)课程的教授。历史课程打动我的是它那广度,而且我今天回想起来,更在于它那文化的深度。赖绍华以他作为一位日本史专家的资格,可以很容易地把自己的注意力限于所研究的对象方面。他以其对政治和国际关系的兴趣,即使是在更广阔的东亚舞台上,也很可以抛开早于鸦片战争或柏利②到达日本前的一切东西。他并未那样做,而是追溯中国文明的起源,并下迄中国随后发展的各个阶段以及对日本的影响;这就说明了我是怎样在这门课程中最初读到像《论语》和《莲华经》这类伟大的著作的。向你展示了这类书籍的任何课程,如果并没有做什么更多的事,也必定是值得纪念的。然而赖绍华确实是做了更多的事;除了其他的之外,他也把朝鲜,

---

① 赖绍华(Edwin O. Reischauer, 1910—   ):即赖肖尔,哈佛大学远东史教授,1961—1966年任美国驻日本大使。——译者注
② 柏利(Mathew Perry, 1794—1858):美国海军将领,1853—1854年率领美舰打开日本门户。——译者注

即所谓"隐士王国"①，包括在他的范围内，这个国家早就丧失了自己的独立，而且在那时候几乎没有别的任何人投以多少注意。因而从一开始赖绍华就是一位真正的东亚学家。

这门课程，我相信又被更为出名的"米稻"(Rice Paddies)课程所取代，该课程的教本《东亚：伟大的传统》一书进一步体现了赖绍华的广阔思路。我并不是这一尔后发展的目击者，但在我于战后哥伦比亚大学的研究期间，角田柳乍(Ryusaku Tsunoda)也采取了同样广阔的观点。他是明治时期的后裔，深深植根于日本大陆的过去(假如这一观点使那些认为日本原本是个岛国的人并不太惊奇的话)，而且他坚定了赖绍华在我心中所唤醒的东亚意识。1986年11月，当我做赖绍华讲座四次讲演中的最后一次时，我承认了这种早期的受惠，并且我希望以本书来做点工作，进一步推动我所认为是一种伟大传统的东西。

本书的前四章以四个广泛的阶段来讨论东亚文明：(一) 形成阶段(约公元前11世纪至公元2世纪)，这时古典的中国发展了她的基本观念和体制，它们后来成为其他东亚民族古典遗产的一部分；(二) 佛教时期(公元3世纪至10世纪)，其间在东亚占统治地位并到处弥漫着的文化力量是大乘佛教，而各种本土的传统则存活在基层之中；(三) 新儒学②时期(公元11世纪至19世纪)，其中新儒学在新的社会与文化活动中占有领导地位，而佛教则在当时的群体基层中奋力以求生存；(四) 近代——这一时期，扩张中的西方文明冲击着东亚的沿岸，冲刷着这些古老的岩石。第五章讨论儒学在当今东亚的作用和可能的前途；而第六章则讨论东亚与西方相互作用的新面貌。当然，我们还可以有观察各种文明的各种其他方式，以及人们可能建立的其他各种时间框架。然而上述

---

① "隐士王国"：为朝鲜1637—1876年的别称，因当时除与中国外，它不与其他任何国家交往而得名。——译者注
② 本书中新儒学(Neo-Confucianism)一词系指道学(理学)亦即宋学，而非现代的新儒学或新儒家。——译者注

这种方式可能最适用于我本人在寥寥几章中理解东亚对这桩巨大而复杂的事业所做出的贡献。

有学问的读者将会指出,在这三大传统中,道教和佛教所受到的注意比儒家更少一些。那原因是,它们在规定涉及东亚公民社会作为一个整体及其向近代转化的那些制度和思想方面,其作用要小一些。在我看来,一种传统的力量和弱点总是在携手并进的,正如道家所特别警觉到的那样。历史上,儒家的伟大力量在于家庭、学校和国家;同样,它的最大问题就在于这些如何可能共处,以及——假如我的历史分析是正确的话——所有这些成分怎么能与宗教相联系。道教与佛教双方对这些问题各有其洞见(例如,像我在讨论近代时谈到《庄子》和《西游记》所表明的),但是就其涉及公民社会而言,它们却并不必然提出任何实际的其他抉择。

我也应该解释我所使用的"对话"一词。我这里使用它是用来表达最广义的思想分享或思想交流,甚至包括各种思想和制度的相互作用,正如人们在关键性的历史情势下要考虑做出什么选择那样。在狭隘的意义上,儒家特别偏爱对话体作为一种表达形式和一种学习手段;这种文风变得如此之有影响力,乃至竟然渗透到禅宗之中,尽管禅(Zen)宗的思想交流被人认为根本是不立文字的。

对此词这样一种泛泛的用法,是不会使人人都惬意的,但是在以一般的术语讨论东亚各个文明时,我找不到更好的方式来描述东亚各种伟大的思想体系与主要的制度结构之间的历史交互作用的过程。或许可以用"论说"(discourse)这个词,但是在此我却要保留这个词,以便用于新儒家在道家和禅宗的反对下所捍卫的明晰的论说之学。我认作对话的那种交流,并不都是通过这类议论——即不是通过直接辩论或公开承认对方的想法——进行的。然而东亚历史的每一个重要阶段都通过机智的对话,而取得了重大的进步。即使是保卫传统的观念和体制的做法——这往往被单纯地当作是一种顽强地拒绝与别人达成和解或拒绝适应变化——也一再地融合了新的成分并积累成为一种更丰富更复杂的发展。

在这里所提出的第一个阶段,对话主要是在儒家、墨家、道家和法家之间;第二个阶段则是在佛家、儒家和其他东亚国家的本土传统之间;在第三阶段,是在新儒家与佛家之间;在第四阶段,主要是在新儒家与西方文明之间——其中每个阶段在历史发展的局势中都在召唤着某种新的反应。

最后,我应该表示自己的遗憾,即虽然越南是东亚的一部分并且在这里所讨论的大部分对话中都是一个参与者,但在本书中却始终是一个沉默的局外人。我希望,由于唤起人们注意东亚共同的传统而提醒我们,很有必要更深一步地了解无论在战时还是在平时都离我们是如此遥远的越南。

这几篇文章是我对东亚文明毕生研究与思考的结晶,它们代表我目前的思想,而我也是在每个人都要为自己的作品负责的那种程度上这样做的。然而,我不想声称它们只代表我个人的思想。我从别人——多年来从老师、学者和学生——那里学习了那么多东西,以至于以如此一般性的词句讨论东亚时,似乎并不值得努力去区分什么是我的创见,什么是我从别人那里接受来的。我只能承认一种非常广泛的感激之忱。

如果不曾受到麦克法夸尔(Roderick MacFarquhar)和他的委员会所创办赖绍华讲座的邀请这一挑战,或许我不会想到要对不容你对它们加以简洁概括的这些问题进行如此之广泛而又大胆的写作。可是一旦着手这项工作,它就向我证明了这是一项令人鼓舞的工作;并且我感谢费正清(John K. Fairbank)东亚研究中心把我推入了这项工作。哪怕我知道我可能暴露出的无知更多于专门知识,我仍然接受了这项任务,把东亚文明作为一个整体来讨论,并出之以今天每一个仍然致力于普遍教育的人所必须具有的精神,也就是一种团队教育的精神,希望能从同僚那里学到比自己本人所能贡献的东西更多。

  在随着我原来所做的那些讲演而来的讨论过程中,我由于他们的问题和提示而有负于许多同僚和学生:布鲁姆(Irene Bloom)、卜德(Derk Bodde)、陈荣捷(Wing-tsit Chan)、朱荣贵(Ron-guey Chu)、朱立芸(Margaret Chu)、艾·柯文(Elissa Cohen)、保·柯文(Paul Cohen)、格鲁克(Carol Gluck)、古德曼(Merle Goldman)、海姆斯(Robert Hymes)、凯(Miwa Kai)、克茵(Donald Keene)、雷德雅(Gari Ledyard)、石约翰(John Schrecker)、提德曼(Arthur Tiedemann)、塔克尔(John Tucker)和瓦尔莱(Paul Varley)。像往常一样,我得到了我的家庭的极大支持,尤其是 F.B.狄百瑞(Fanny Brett de Bary)的支持。在准备手稿的工作中,我得到了罗克威(Emma Rockwell)无可估量的协助。

第一章 古典的遗惠

"太初有道"①,我们所知道中国文明黎明时最初的道是与神明同在的②,向祖先神所发出的问题记载在商代的卜骨上。从这些刻辞中,我们得知商代中国的统治阶级已经有了中国(后来是东亚)文明许多的核心价值:敬、孝、王德、礼仪合度等等观念。而这些刻辞,尽管在商代社会已有文字和文明国家大多数的标志这种意义上已经是文明的产物了,但本质上却仍代表统治者与被声称是他们统治权的来源或被认为是他们命运主宰的那些神灵之间的私人沟通。这些信息在任何意义上都不是向我们发出的;它们既不是我们或别人所能表示首肯的声明,也不是我们所能获得自己答案的问题。这类向神明的请教无疑包含着公共的职能,但却不是公共的宣告。这里有关的问题,都必须严格地关系到统治者、大臣、占卜者和刻辞者的专业;在这种情况下,即使拥有现代破获密码的技术,我们所能做的最多也只是洗耳恭听而不是去亲身参与。

---

① 语出《圣经·新约·约翰福音》第一章,第一节。官话本作"太初有道",思高圣经学会本作"在起初已有圣言"(台湾,1989年,第六版)。按"道"字原文为希腊文 λογοσ(logos),兼指字和道体,英文作 word,法文作 parole,德文作 wort,均不甚妥帖,惟俄文作 слово(slovo),差几近之。——译者注

② 《圣经·新约·约翰福音》第一章,第一节:"太初有道,道与上帝同在。"——译者注

2　　《书经》和《诗经》的许多部分我们知道是早于孔子的，它们确实是在向更广大的人群发言，而不只是向神明。这种情况的局限因素在于：它们总是倾向于单纯宣告性的。尽管是在向"普天之下"宣示，但他们听讲的公众太庞大而又不知其姓名，以致它那唯一的功能只能是要人们洗耳恭听。对这类宣告和仪式无论会出现什么样的个人反应，都必须依据后来由儒家所确定的文义加以引证。在《论语》中，孔子谈到周朝早期的传统时说："我遵循周代。"（"吾从周"《八佾第三，第十四章》）以后很久，1982年现代哲学家冯友兰在哥伦比亚大学的一次集会上说，他想起了《诗经》中的一段话，"周是一个古老的王国，但它却有一种新的使命"（"周虽旧邦，其命维新"）①。冯（友兰）认同他本人是中国文明现存的一个代表，献身于和孔子同样的个人使命，并采用了同样的对话。

孔子对话的本身，正如任何个人都可能希望亲身参与的对话一样，是从《论语》一书开头的几行话开始的：

　　学习并且及时实践自己的所学，这难道不是一种愉快吗？有朋友从很远的地方来，这难道不是一种欢乐吗？
　　即使没有被人认识，也始终并不愤懑，这难道不是一个高尚的人（君子）吗？
　　"学而时习之，不亦说乎。有朋自远方来，不亦乐乎。人不知而不愠，不亦君子乎。"（《学而第一》）

这里的询问语调和谈话口气表明，这是孔子和他的同伴们之间的一次对话；后来他们记录下了孔子和他们的谈论，从而也记载了他们自己对孔子那种谈话用语的赞同。然而不止于此，孔子还邀人进行过一场更大的对过去、现在并且在某种意义上对未来的对话。《论语》（为政第二，第十

---

① 冯友兰《答复》，载《海曼人文中心学刊》（纽约：哥伦比亚大学，1982年，Fung Yu-lan. "Response." In *Proceedings of the Heyman Center for the Humanities*. New York, 1982.），页13。

一章)有一节足以提供我们开头这几行话所需要的全部解释:"一个人欣赏过去而又了解现在,就可以作人们的老师了。"("温故而知新,可以为师矣。")①

对于孔子,学习意味着既研究过去,也研究现在。反过来,实践就意味着把过去的教训应用于当前。真正最大的满足,首先是得自学习为自己做某些事情,也就是说要确确实实做到它,而不单是学习别人一度是怎样做的。因为有朋友从远方来而高兴,就包含着一种经验的分享、一种与别人的对话以及为自己而学习、一种贯彻终生并且作为一个主题也贯彻《论语》全书的自己与别人的对话过程。一个高尚的人(君子)的概念就是要达到这一点,他这时已经不再只是一个残存的贵族,依恃自己的出身和礼仪教养而在延续着一种不合时宜的社会秩序,而是这样一个人,他灵魂的博大战胜了他那不显赫的命运,而他那实践的智慧的深度使他能够成为一个人师。对于一个将要成为人们的领袖的人来说,并不是君子或贵族的世袭特权使他获得资格,而只有个人德行的品质才能博得尊敬,无论是一个统治者也好,还是一个人师也好。

在他与过去的对话中,孔子引证了早期的圣王们和大臣们在公职中被理想化了的种种德行,这些价值人所周知是在商代晚期和周初被他们所保持的,无论他们曾否确实躬行过。孔子把这些价值转化为一种个人自律和责任的伦理学,那虽然仍处于传统的礼的精神和气氛之中,但却集合了社会变迁在对职务与责任的通常理解上所留下来的大量片断。这对任何一个把自己看作是应召为别人服务的人,无论在位或不在位,都是特别重要的。孟子在谈到天的等级(天爵)和人的等级(人爵)并以个人的品质取代社会等级和特权的规定的重要性时,肯定了伦理学的这一转变和普遍化。这一新的规定极有特色地提出了最古老的权威:

  有天的高贵性,有人的高贵性。人道性、正当性、忠于自身和自

---

① 《论语·为政第二》第一章。

己的话、不知疲倦地享有善意——这些都是天的高贵性。公爵、显宦、高官——这些则是人的高贵性的等级。古人培养天的高贵性,而人的高贵化也就随之而来。今天的人培养天的高贵性只是在追求尊贵的等级,而一旦获得它以后,就抛弃了天的高贵性。这是高度的迷惘。最终他们必定会丧失它的全部。

"有天爵者,有人爵者。仁义忠信,乐善不倦,此天爵也;公卿大夫,此人爵也。古之人修其天爵,而人爵从之。今之人修其天爵,以要人爵;既得人爵,而弃其天爵。"(《孟子·告子上》第十六章)

孔子的洞见不但预见到了孟子的教导,而且还瞩望着一种未来,到那时候世袭的等级在中国几乎缩减为零,到那一天在文官制度或在学者的等级之中,惟有道德上与知识上的优异才被认作是真正的价值。但是孔子在向中国人(而且后来则成为向东亚人)后代的各行各业讲话时,他也是在向我们讲话、并号召我们去追求同样的高贵性。

今天,这一点听起来可能有点古老和过时了,使我们有点不舒服;但是我以为这正是孔子存心要做的事。他说一个高尚的人"即使没有被人认识,也始终并不愤懑"("人不知而不愠"),这时候他不单是说君子式的谦让或听天由命。正如我们从《论语》的其他章节所知道的,他号召过一种坚决反抗逆境的生活,参与一场永不休止的改变世界的斗争,而不是接受自然的和不可避免的任何事物:

一个人不能和鸟或兽群居在一起。假如不是和我自己同类的其他人,我又去和谁交往呢?假如正'道'已经在世界上通行,我就不会努力去改变事物了。

"鸟兽不可与同群,吾非斯人之徒与而谁与?天下有道,丘不与易也。"(《论语·微子第十八》)

财富和地位是每一个人都希冀的;但是如果它们不是以道而取

得的话,他就会不接受它们。贫困和卑贱的地位是每一个人都厌恶的;但是如果它们只能以道为代价才能抛弃的话,他就不会躲避它们。一个脱离了人之道(humanity)的贵人——他怎么能配高尚的人这个名称呢?一个高尚的人决不会一时一刻舍弃自己的人之道。他决不会因受折磨就不坚持这一点,决不会因受威胁就不坚持这一点。

"富与贵,是人之所欲也,不以其道得之,不处也;贫与贱,是人之所恶也,不以其道得之,不去也。君子去仁,恶乎成名?君子无终食之间违仁,造次必于是,颠沛必于是。"(《论语·里仁第四》)

对孔子来说,这绝不是什么开心的理想,而是一种高尚的号召,因而魏莱①在他上引那段话的译文中,把"道"(Tao)译作"他所宣扬的道路"。在宣扬什么便实践什么的本然意义上,它是一种宣言。

从习俗上说来,君子的职业就是治国,但是孔子重新界定了这种行业:"如果你用编制来引导人民,用刑罚来管理他们,他们就要设法躲避法律而没有羞耻感。如果你以德行来引导人民,以礼来管理他们,那么他们就有羞耻感,并将纠正他们自己。"〔"道之以政,齐之以刑,民免而无耻;道之以德,齐之以礼,有耻且格。"(《论语·为政第二》)〕有些学者解释儒家的伦理在根本上乃是基于一种贵族制的荣誉准则,并且他们把礼看作是严格局限于上层阶级的;但是此处(以及《论语》其他的一些地方)孔子所发出的呼吁并不只是对着显贵人物的行为,而是对着所有人身上都可以发现的那种自尊心和必然成为一切真诚政府的基础的那种互相信赖的感情。② 个人的德行和人与人之间的礼,乃是杜维明所恰当地称

---

① 魏莱(Arthur Waley,1889—1966,笔名Schloss):英国的日本学、中国学学者,诗人。——译者注
② 见《论语·子罕第九》第二十五章。此处孔子谈到常人不可剥夺的自主性:"三军可夺帅也,匹夫不可夺志也。"又《论语·颜渊第十二》第七章中,他主张政府最根本的东西在于统治者与被统治者之间的相互信任。

之为儒家的"信用社会"(fiduciary community)①的基础。礼对人与人之间的关系给出了规定的形式,对附着于一切特殊关系之上的那种相互尊敬的感情给予了恰当的表现。在亲密的家族和亲族关系的网络中,而不是在非个人的法律关系中,礼多少起到了人权的同样职能。

因此,我们很可以理解孔子为什么经常要把这种根本的德行说成是真正属于人的或仁的,以及为什么这种他不肯将其束缚于正式定义中的根本的人道性却可以通过日常的经验而加以把握。它是自我反省的实践产物,也是对别人的一种移情的反应(恕),那既是个人的、同时又是个人之间的,是自我与自我之间的、自我与他人之间的一场对话过程,它从家庭开始并扩张到人类的博爱。孔子的教导最完美地保存在《论语》之中,这并非恰巧是一桩历史的偶合;它那亲切的对话极其真切地表明了,孔子是怎样相信人的德行是可以在与别人的相处之中而被人了解和培养的。

"有朋友从很远的地方来"("有朋自远方来"),表达了孔子对别人和他们生活经验的容受性;但是他的使命感也把他带到四方去学习别人并让别人分享他自己的学问。《孟子》开头的几行话也以同样的风格勾画了一幅孟子"从很远的地方来",与梁国的惠王进行的一场对话。这是一个统治者与一个自命为统治者的老师的人二者之间的一场对话,后者利用这个机会进一步推进了孔子仁政观点的内涵。然而在对话之初,当孟子无条件地接受国王用心良好地使用"利"一词的这个问题时,我们就感到对话中有另一个看不见的参与者存在。

> 王说:"你不以千里为远而到来,所以必定有某些有利的东西供给我的王国吧?"孟子回答说:"你为什么一定要谈利呢?我要供给的是人道性和正当性,没有别的东西。如果一个国王说:'什么将有利于我的国家?'高官们说:'什么将有利于我的家庭?'低级官吏们

---

① 杜维明《集中性与共同性:论中庸》(檀香山:夏威夷大学出版社,1976年,Tu Wei-ming. *Centrality and Commonality: An Essay in Chung Yung*. Honolulu: University of Hawaii Press,1976.),页52—99。

和普通人说:'什么将有利于我们自己?'在上者和在下者都力图相互攫取利益,国家就危险了。……请陛下只谈人道性和正当性吧,你为什么一定要谈利呢?"

王曰:"叟不远千里而来,亦将有以利吾国乎?"孟子对曰:"王何必曰利?亦有仁义而已矣。王曰:'何以利吾国?'大夫曰:'何以利吾家?'士庶人曰:'何以利吾身?'上下交征利而国危矣。……王亦曰仁义而已矣,何必曰利?"(《孟子·梁惠王上》第一章)

事实上,(梁)惠王谈利不仅是因为大多数的君王都想到它是某种有好处的东西,而且也因为他被当作是代替孟子的论敌——即刚刚退出舞台的墨子——来提出什么东西是真正有利于人民的这个问题的。换句话说,(梁)惠王被树立起来乃是作为墨子功利主义的一个无意的陪衬,墨子的功利主义这时已经成为中国早期思想的更大对话的一部分。从思想上来看,墨子确实代表着孟子所无法避免的一种挑战,即使是他宁愿像通常那样保持自己的尊严而不承认墨子的存在。这样交锋的一场对话,很难是一场与墨子的公平辩论或真正的交谈,但是尽管这次演出可能是单方面的,孟子却表明他一直在倾听墨家对儒家的批评,并且将在书中的以后部分展开全部的反对论据。

引征墨子的立场是两重的:它那情操是博大的和人道主义的,而它那目标则是单纯的和功利主义的,即人民的衣食住。孟子着手以两种方式揭露这种博大情操的浅薄性(在这里是以国王声称关怀自己的子民这一借口而出现的):首先,他指出如果有任何实际的东西来自国王的善良意愿,那就会需要何等深刻地了解并委身于道德的原则;其次,他指出如果从长期看来它真的有助于人道的目的,那就该怎样地理解实用性和功利性。"有些人有着人道的意图和人道主义的名声,然而人民并没有从他们那里享受到好处,他们也没有留下来任何规范(法)给后世去遵循;这都是因为他们未能实行先王的各种办法。因此人们说'一个政府仅仅追求善良的意图是不够的',而(另一方面)单单追求法律和体制也不足以使它们得到有效的实行。"〔"今有仁心仁闻,而民不被其泽,不可法于后世者,不行先王之道也。故曰:徒善不足以为政,徒法不能以自行。"(《孟子·离娄上》第一章)〕

　　孟子在文章中表示,对于一个人道的政府的实际成就来说,遵守德行与遵守具体的、经历了时间考验的规范和法律,这两者都是需要的。在与梁惠王的对话中,孟子继续详细地讨论了古代的国王们所推行的各种不同体制。我们有理由怀疑,这些体制是否有任何一种曾完全以孟子所描述的那种形式存在过,但是为了说教的目的它们却可以被当作是优异的范型。就像孔子所做过的那样,孟子也引述了圣王的理想,为的是论证并说明政治经济和社会组织的整体基础结构,它将确保王国全境权力和财富的分布,从而人道的政府就可以以个人化的形式(就像在一个宗族体系之内那样)来运作,而不是通过非个人的、官僚的手段。它是一种非集中化的分封体制,但是与西方的或日本的"封建制度"相比,它却有一个明显的中心。我们不能称它为多元的或多中心的,因为孟子也像与他同时的大多数思想家一样,认为根本的问题乃是怎样围绕着一个真正的中心来重建人类社会。然而他也同样关心着权力的过分集中,关心着需要有直言不讳的大臣们来制止朝廷滥用权力,以及在委任权力的整个等级结构中有分寸地和一层一层地同时固定权威与责任(以及实现它们的物质手段)的重要性。自尊与自信有赖于物质上的自足自给;没有人比孟子更尖锐地指出大臣们必须维持自己的自尊和对统治者的独立性了,否则他们就变成被"豢养"的纯粹雇佣,一点都不比自己主人的姬妾或玩物更好。

　　在通过对基本原则做出恰当的、值得记忆的解说而提出这些(井田制、分封制及其严格的土地经界、赋税制等等)时,孟子具体地讨论了许多政治的和经济的组织问题,这些都是墨子在他强烈真诚地、直截了当地要依照一种单纯的极权主义的观点来动员起一切力量时所匆匆谈过的。在对比墨子简单化的有关人类行为的假设和孟子对人性更富于探索性的分析上,亦即在有关推动和制约人类行为的东西,身与心、知与情的关系等等问题上,这一点大致也是如此。这些问题对孟子的人道政府的观点有着重大的影响,不考虑人道性的全部领域及其复杂性,人道政府就不可能为它那目的而服务。

讨论孟子和人性,几乎总是要使人去比较当时另一位伟大的儒家思想家荀子及其人性恶的观念,这一观念见之于以荀子为书名的那部著作中的一章。事实上,从儒家教义在形成阶段之发展的本质方面看,孟子和荀子之间在基本问题上的一致,要远远大于两人间的不一致。因此,在两人之间对人性究竟是善是恶的问题上认为可能有一种理论的分歧,并把它升级为在所有关键之点上的一种彻底的对立;那是毫无根据的。的确,把这一点解说成古典儒家内部的一场大辩论,就很可能弄模糊了荀子与道家及法家之间的另一场甚至更为重要的争论。在这里,这个问题再次并没有呈现为公开的辩论,相对立的观点也没有很好地交流;但是从《荀子》的第一章《劝学篇》开头的几句话,我们就可以觉察到荀子是怎样受到道家对儒学的批判之强有力的挑战,以及面对着一种前所未有的、对文明和学术的更为激烈的质疑;他又是怎样迫切地感到有必要对人类文化提出一种很有理由的辩护。荀子反对一切求知的努力都是违反自然的以及一切价值区别都是人为的这种责难,他论证了文明对于促进人类生活的好处,并且坚持说人们不可能避免做出道德的抉择和知识的分辨。当我们面临生活中的决定关头时,直觉、即兴和道德的中立都不能代替系统的学习、精密的判断和有信息依据的决策:"如果没有黑暗和追踪的意志,就不会有辉煌的业绩;如果没有深沉和坚定的努力,就不会有光荣的成就。一个人试图同时走两条路,那就哪里都去不成;一个人伺奉两个主人,那就不会讨好任何一个。"①〔"是故无冥冥之志者无昭

---

① 见王先谦《荀子集解·劝学篇第一》第六章(长沙:1891 年);引自布顿·华生译《荀子:基本著作》(纽约:哥伦比亚大学出版社,1963 年,Watson, Burton, trans. *Hsün Tzu, Basic Writings*. New York:Columbia University Press,1963.),页 18。

昭之明,无惛惛之事者无赫赫之功。行衢道者不至,事两君者不容。"(《荀子·劝学篇第一》第六章)]

荀子继而提出了他自己对教育计划的观念,其中或许包含着古典儒家课程针对着人的成长和成熟的生命过程所作出的最早的规定。

  假如你真正积累了长时期的努力,你就会进入很高的领域。学习一直到死,只有这时候才停止学习。所以我们可以谈到学习计划有一个结束,但是学习的目标却片刻都不可放弃。追求它,便是一个人;放弃它,就变成一个禽兽了。《书经》是政事的记录,《诗经》是正确声音的贮存库,而《礼记》是法律的伟大基础和先例的依据。因此,学习就随着礼而达到了完善,这样可以说是道及其权力的最高点。《礼记》的尊崇与秩序、《乐经》的适宜与调和、《诗经》和《书经》的博大、《春秋》的奥妙——这些就囊括了天地之间的一切。①

"真积力久则入,学至乎没而后止也。故学数有终,若其义则不可须臾舍也。为之,人也;舍之,禽兽也。故《书》者,政事之纪也;《诗》者,中声之所止也;《礼》者,法之大分,类之纲纪也。故学至乎《礼》而止矣。夫是之谓道德之极。《礼》之敬文也,《乐》之中和也,《诗》、《书》之博也,《春秋》之微也,在天地之间者毕矣。"(《荀子·劝学篇第一》第八章)

虽然荀子关于天、地和人的观点显示出道家自然主义的某些影响,但他关于真学问的观念却排除了大量他视为超自然和巫术、而我们今天却可能视之为原型科学的(proto-scientific)东西。他是个坚强的理性主义者和多少有点狭隘的人文主义者,然而却对深刻的、完整的学问有着一种强烈的感情:"君子的学问进入他的耳朵,附着在他的心灵上,散布在他的四肢里,并表现在他的行动中。他的一言一行,都能作为一种典范。小人的学问进入他的耳朵,又从他的口里出来。耳和口之间只有四

---

① 《荀子集解·劝学篇第一》第八章。

寸,他又怎么能够牢固掌握它并用来完善一个七尺的躯体呢!"①〔"君子之学也,入乎耳,箸乎心,布乎四体,形乎动静。端而言,蝡而动,一可以为法则。小人之学也,入乎耳,出乎口。口耳之间则四寸耳,曷足以美七尺之躯哉!"(《荀子·劝学篇第一》第八章)〕

按荀子所说,小人无法利用别人的学识,也无法同爱学习的人结交。"假如首先你就不喜欢这种高尚的人,其次又不能够尊崇礼,那么你就只是在学一大堆乱糟糟的事实,盲目地追随《诗》、《书》,如此而已。在这种情况下,你可以学到你最后的日子,而永远只不过是一个庸俗的腐儒,绝不会是别的。"②〔"上不能好其人,下不能隆礼,安特将学杂识志顺《诗》、《书》而已耳。则末世穷年,不免为陋儒而已。"(《荀子·劝学篇第一》第十章)〕但假如一个人是跋涉在真学问的道路上,荀子说:"他的心灵就会在其中感受到比享有一个帝国更为亲切的欢乐。当一个人达到了这一境界,他就不可能被权力或贪利所颠倒;他就不可能被群众所席卷;他就不可能被世界所动摇。他有生之年在追求这件事,至死仍在追求。这就是被称之为德行的永恒性的东西。一个具有这种德行的永恒性的人,就可以左右他自身,而左右了自身之后,就可以对别的事物作出正确的反应了。能够正确把握自身和对其他事物作出正确的反应——这就成为一个真正的人。"③〔"心利之有天下。是故权利不能倾也,群众不能移也,天下不能荡也。生乎由是,死乎由是,夫是之谓德操。德操然后能定,能定然后能应,能定能应,夫是之谓成人。"(《荀子·劝学篇第一》第十三章)〕

我以为,即使是在这一节缩略和截裁了的形式中,我们仍可以欣赏到荀子表达作为学者的高尚的人(君子)那种理想的某些雄辩——这种角色在后世儒家的发展中,将会证明是有着头等重要性的。这里,我们

---

① 《荀子集解·劝学篇第一》第八章,华生译《荀子》,页20。
② 《荀子集解·劝学篇第一》第十章,华生译《荀子》,页20—21。
③ 《荀子集解·劝学篇第一》第十三章,华生译《荀子》,页23。

一眼就看到儒家的学习理想那种动人的形态和绚烂的光辉,以及或许还有在它所预期的历史作用中的某些局限。

然而在谈后来的发展之前,我们应该注意到荀子对于礼所必定要说的话,他欢呼礼是学问的顶峰与完成——确实礼是"道及其权力的最高点"。在这个问题上,他是一个雄辩家,正如他在儒家学问的光荣问题上一样;而这两者一起就成为古典儒家传统的奠基石。不幸的是,在礼的问题上荀子往往被人误解了,因为人们太轻易地就假定,他对人性评价之低在逻辑上必然要求着强行加以严厉的社会约束。实际上,荀子关于礼的关键性的一章,一点都没有这种要求;倒不如说它是以如下这一思想为基础的:即人的欲望是自然的并且必须得到满足。

>礼是从哪里来的呢?就是从这一事实:人是生来就有欲望的,当欲望得不到满足时,人就必定要追求它们。当这种追求进行得没有限度或分寸时,必定会产生争执。随着争执就出现了混乱,随着混乱就出现了耗竭。古代的君主憎恨这种混乱,就把礼和正当性加以法典化而设立必要的限制,于是欲望就会得到调剂而他们的追求也就得到了满足。他们以这种方式使得欲望不会被事物无限扩大,而事物也不会因欲望无度所耗竭。从而这两者可以互相配合而共同滋长。礼就是从这里来的。①

>"礼起于何也?曰:'人生而有欲,欲而不得,则不能无求;求而无度量分界,则不能不争。争则乱,乱则穷。先王恶其乱也,故制礼义以分之,以养人之欲,给人之求;使欲必不穷乎物,物必不屈于欲,两者相持而长,是礼之所起也。"(《荀子·礼论第十九》第一章)

礼是满足和保持人类欲望的手段,从这一论断出发,荀子进而论证了有必要做出价值区分并确立适宜的社会纪律来培养和提炼欲望本身。因此,感官的嗜欲就代表着一种善,是一种要由礼来既加以培养又加以

---

① 《荀子集解·礼论第十九》第一章。

保存的力量。这是一个与印度宗教、尤其与早期佛教所流行的假设强烈相反的前提,后者认为欲望是苦难和幻念的根源,人们必须从其中解脱出来。荀子的人类自由观,并不是要消灭欲望或使自己从中解放出来,而是要创造出这样一种对欲望的安排和满足它们的手段,从而使这两者能够彼此相称,并且在当前的现世条件中,亦即在事物的现状中就可以得到实现。这一理想可能并不是中国人所独有的,但它肯定是一种乌托邦式的憧憬,适应于中国人对生活的嗜欲并在后来中国的政治生活中也适应于一种反复出现的信仰,即在作为合理的道德秩序那种意义上的天就可以体现在社会秩序之中——换句话说,人就可以达到地上的天堂(Heaven-on-Earth)。

通常人们认为,儒家在汉代早期的发展更带有荀子对社会与学术的憧憬的烙印,而不是孟子的更为唯意志论的哲学的烙印。在大多数政治和社会制度方面,实际上他们两人的观点并没有什么不同;但在对礼的法典化、对古典教义的规定和对有系统的学术的促进等方面,则荀子更好地表达了在汉代取得了胜利的儒家学说的基本理论。

人们往往以汉王朝的需要来解说这场胜利,因为由一个谈不上有古老的封建家族的继承性的平民所建立的帝国,需要有一种意识形态使它的权力合法化,有一种仪式使它的朝廷尊严化以及有一个学者阶层能够担任它那中央集权官僚主义政府的各种职位。人们不能不考虑到,这些都是汉代统治者和儒家学者双方不断增长的合作的因素。已故的巴沙姆(A. L. Basham)是一位领先的印度学家,他把这种合作看作为中国的王朝提供了一种基于世俗学术与官僚主义伦理之上的稳定性和连续性,而那却是印度的各个王朝所缺乏的。①

不管这一点可能是怎样,同样重要的是:儒家学术早在它获得官方

---

① 巴沙姆《印度历史文化研究》(加尔各答:桑巴第出版社,1964 年,Basham, A. L., *Studies in Indian History and Culture*. Calcutta: Sambodhi Publications, 1964.),页 1—20。

认可或皇朝庇护之前,就通过学者传授而自己存活了下来,并且在中国的家庭中成为一种家族伦理。哪怕是它的批评者,无论是墨家、道家或法家,都证实了儒家学说在中国生活中的核心作用和广泛影响;虽然中国的统治者不断地漠视他们,更不用说某些统治者确实是鄙视他们,另有一些甚至迫害他们。面对这样的阻力,儒家存活到汉代就不能单纯用儒家的礼仪偶发地被用来作为皇朝的橱窗装饰或者偶然增添了个别学者来加以解释了;反之,它必定表明儒教已经不靠帝国而成为一种确立了的学说。

另一方面,把儒教描绘成脱离政府,完全靠其自身而独立,或者仅仅考虑到那些不肯参加政府的学者或老师才是忠实于孔子和孟子(他们两人本身很少担当过什么官职)的教导的——那也同样是不真实的。我们不能只把一种传统的源头及其最初灵感的新鲜性和纯朴性当作就是这一传统的形成者,而不把那些投身于中国皇朝政治的浊水之中的追随者们也计算在内。没有后一种人,这一传统甚至更加不大可能以其历史上的形态而存活下来。

在早期的记载中,我们发现有一种强烈的意识,即汉朝乃是秦朝的继承人,而不是周朝的继承人。它大体上未加改变地继续了秦代法家体系的结构。作为一个中央集权的专制和官僚主义的国家,汉代在其权力的集中与非个人的行政上,远离了儒家非中央集权的、个人化的和父家长式的统治,亦即孟子对权力的代表性和分散性的观念。然而至少到了汉武帝(公元前140—公元前87年)在位时,新的皇权体制已经稳定地确立了,而周初的模范制度则被人看作是不合时宜的——已经过去得太久而不大可能加以恢复。总之,儒家面临着一种似乎是不可逆转的历史变局。作为一种两难的历史局面,它有点可以比作今天中国人的局势,他们可以不曾拥护过毛(泽东)的革命,但是他们却必须决定——即使是在"四人帮"所造成的灾难面前——究竟是诉之于更多的暴力而完全不参与它呢,还是与新的体制合作而希望能改造它并缓冲它呢?

在什么时候一个人要接受不屈不挠的现实呢？在什么时候一个人要对一种不人道的体制做出无法接受的妥协？汉代儒家的答案大致是：这一点更少地取决于体制，而更多地取决于人——取决于一个人对时代变化的理解，取决于对一种变化了的局势能够怎样采用持久的原则，以及取决于怎样改变体制可以更好地符合人道的原则。在伟大的皇帝(汉)武帝的时代，儒家为首的学者董仲舒(公元前179—公元前104年)接受了官方的任命，成为经典教授；在确立儒家经典作为公共教育的基础这一点上，他是一个关键人物，另外他也作为一个品格高尚的人和一个对政治与经济改革直言不讳的提倡者而受到广泛的尊重。董(仲舒)是研究《春秋》这部经典的权威，这部编年史大旨是谈儒家的原则怎样用之于解说实际的人事。在他与法家的批判性对话中以及在汉代制度的体现中，董(仲舒)对法律和体制的需要做出了重大的让步。一个统治者主要地应该依赖道德的范例和教育(教化)，诉诸人的更美好的天性和自我转化的能力。但是对于积极(阳)思维的力量却有一种必要的补充，那就是由法律对那些表现为不听道德教诫的人运用有组织的权力和强制力量所代表的消极性(阴)的制裁。

在平衡与融合这两条路线时，关键在于选择并培训恰当的人才在公务中进行必要的判断。但董(仲舒)面对这个问题，最为要害的是要教育"一人"——即皇朝的统治者，这个人在那种情势下代表着一种简单的给定条件——而不是(在董看来)要选择另一个他可以支持或劝告的人。儒家不对当权的人进行教育或劝告，就不能顺应时代的需要；而儒家学者若不冒险赋予一个其行为他最多只能是影响而不能控制的统治者以某种合法性，就做不到这一点。

董(仲舒)描述这一两难的局面如下：

> 统治者是国家的根本。治理国家最有效的东西莫过于教育人民尊重根本了。如果根本得到尊重，统治者就仿佛能以超自然的威力改造子民；但是如果根本得不到尊重，统治者就没有任何东西可

以用来领导自己的子民。这时,尽管他采用严刑峻罚,子民也不会跟随他。这就把国家驱向毁灭,没有比这更大的灾害了。

我们所谓的根本是什么呢?天、地和人是一切生命的根本。天给他们生命,地养活他们,而人使他们得以完善。他们一出生,天就供给他们生来就有的孝悌感,地就以衣食养活他们,而人则以礼和乐来完善他们。这三者就像手和足一样,合起来就完成了身体,没有哪一种是可以不要的。……如果这三者都缺乏的话,那么老百姓就会变得像鹿那样,每个人都跟着自己的欲望走,每个家庭各有其自己的方式。父亲不能使唤儿子,统治者不能使唤大臣,虽然有城垣和雉堞,却被人称之为'空城'。这时候统治者就像枕在土块上睡觉。没有人来威胁他,他自己就会危害自己;没有人来毁灭他,他自己将毁灭自己,这就叫作自发的惩罚。①

"君人者国之本也。夫为国,其化莫大于崇本,崇本则君化若神,不崇本则君无以兼人。无以兼人,虽峻刑重诛而民不从,是所谓驱国而弃之者也,患孰甚焉。

"何谓本?曰:天、地、人,万物之本也。天生之,地养之,人成之。天生之以孝悌,地养之以衣食,人成之以礼乐,三者相为手足,合以成体,不可一无也。……三者皆亡,则民如麋鹿,各从其欲,家自为俗。父不能使子,君不能使臣,虽有城郭,名曰虚邑。如此者,其君枕块而僵,莫之危而自危,莫之丧而自亡,是谓自然之罚。"(《春秋繁露卷六·立元神第十九》)

这里我们可以看到,在儒家大臣与中国统治者的合作——正如这一局势所暴露出来的,也有互相笼络的危险——的底层的,乃是希望去说服统

---

① 见董仲舒《春秋繁露卷六·立元神第十九》四部丛刊本,第一集第十九种(上海:商务印书馆,1920—1922);狄百瑞、陈荣捷与布顿·华生编《中国传统典籍选编》(纽约:哥伦比亚大学出版社,1960 年,de Bary, W. T., Wing-tsit Chan, and Burton Watson, eds. *Sources of Chinese Tradition*, vols. I and 2. New York: Columbia University Press, 1960.)卷一:162 页。

治者:他们所掌握的大权(儒家并没有给他们以这种东西)应该是为了百姓的福祉(关于这一点,儒家谈得很多)而与对上天相称的一种责任感相匹配。

董(仲舒)关于如何安排人类社会的观点,有似于荀子的观点,即他主要是依赖礼,目的是在人民的需求和欲望与可以满足它们的物质手段之间保持一种平衡的比例。财富的集中会破坏这种平衡。一个具体的例子可以见之于董(仲舒)关于对当时迫切的土地问题所不得不说的话。这里我们再一次看到理想与实际两者之间的妥协。在引证了古代关于土地拥有量和最低赋税的理想之后,董(仲舒)描述了秦代所造成的浩劫性的变化:

> 它使用了商鞅(法家)的方法,改变了帝国的制度,废除了井田制,允许人民买卖土地。富人买下了大片相连的田地,而穷人则没有留下可以插进一个锥尖的土地。……此外,劳役也增加到古代的三十倍之多,而田赋、丁税和盐铁利润则增加到往日的二十倍。耕种富人土地的人必须交纳他们收成的一半作地租。所以穷人只好穿着仅适合于牛马的衣服,吃着猪狗的食物。而这一切之上,暴虐而贪婪的官吏还不问是非就惩罚和处决他们,终于人民因悲痛和被剥夺了自己的生计而逃到山里去或以盗劫为生。被判罪的人充斥着道路的一半,每年都有成千上万的人们被囚禁。
>
> 自从汉代开始以来,都是沿袭秦代的方式,没有改变。尽管很难马上就恢复古代的井田制,但目前的办法还是适宜于使之多少更接近古代的方式。土地的所有权应该加以限制,从而可以缓解那些不足的人并杜绝无限兼并的道路。①

"用商鞅之法,改帝王之制,除井田,民得卖买。富者田连阡陌,贫者亡立锥之地。……力役三十倍于古,田租、口赋、盐铁之利二十倍于古。或耕豪民之田,见税什五;故贫民常衣牛马之衣,而食犬彘

---

① 班固《汉书卷二十四上·食货志第四上》;狄百瑞、陈荣捷与布顿·华生编《中国传统典籍选编》卷一:217 页。

之食,重以贪暴之吏刑戮妄加,民愁无聊,亡逃山林,转为盗贼,赭衣半道,断狱岁以千万数。

汉兴,循而未改,古井田法虽难卒行,宜少近古,限民名田以澹不足。"(《汉书卷二十四上·食货志第四上》)

董(仲舒)的相对温和的解决办法并没有得到实现,在整个前汉王朝,土地问题不断恶化,直到纪元的转折期另一位儒家学者政治家王莽(公元前45年—公元23年)才以儒家的福利国家的名义实行了更为大胆的改革。从政治上说,他也失败了,但是他力图实行的那些强力措施的结合——以古代井田制的名义实行土地的国有化和再分配,以及强制实施政府专卖与市场控制——则包括着一种国家之强行侵入经济领域并以一种貌似儒家的论点而采取法家型的制度。

这样一种儒家理论与法家实践的混合体,几乎成为后代中国政治传统的标准,摇摆于董仲舒的国家之最低限度地干预经济的温和改良主义的观点这一极端,与王莽的通过国家的强大主动和控制的更激进的干涉另一个相反的极端之间。然而,重要的是,法家的政策和体系已经成为儒家政治的一个组成部分(正如我们在宋代伟大的改革者王安石的政策中所再度看到的),以致几乎对它们的叙述在两千年以后竟被包括在哥伦比亚大学的一篇博士论文里,题名为《孔子及其学派的经济原理》(《孔门理财学》)①。它们在这里等待着被华莱士②发现,他在罗斯福新政的

---

① 陈焕章《孔门理财学》(纽约:哥伦比亚大学出版社,1911 年,Chen Huan-chang. *The Economic Principles of Confucius and His School*. New York: Columbia University Press, 1911.)卜德《亨利·华莱士与常平仓》中提到,载《远东季刊》第五期,1946 年 8 月,页 411—426,重印于查理·拉·布朗与道罗斯·波莱编《中国文明论文集》(普林斯顿:普林斯顿大学出版社,1981 年),页 18—20,218—233。(Bodde, Derk. "Henry Wallace and the Ever-Normal Granary" *Far Eastern Quarterly* 5(August 1946):411—426; reprinted in *Essays on Chinese Civilization*, ed. Charles Le Blanc and Dorothy Borei. (Princeton: Princeton University Press, 1981.)

② 华莱士(Henry Wallace, 1888—1965):曾任美国农业部长(1933—1940)、副总统(1941—1945)、商业部长(1945—1946)。——译者注

岁月里面临着类似的经济困境。华莱士从阅读这部书中得到了常平仓的观念,它被纳入了1938年的"农业调整法案"中。"常平仓"一词是他采用的中国模型的直译。这个体制的出处是法家——这个问题对儒家治国的实践家要比对华莱士有着更重大的后果。尤为重要的是,它有助于一个改良主义的福利国家要达成经济平衡与价格稳定时所宣称的人道目的。

在结论中,我要把中国传统的特点规定为:它从它的形成阶段,大体上就是作为深深植根于学校和家庭之中的古典儒学与汉代的国家体制这两者的综合而出现的,后者在其控制一个人口众多而物产富足的农业经济方面是十分动人的,但也已经表现出管理如此庞大的一项事业的紧张状态。当然,记载显示出,既有成功也有失败。这一文明对后世的共同文化遗惠是一套丰富的文献,包括儒家的教义及其伦理教诫、政治知识、历史、诗歌和礼仪条文;其他不同的重要学说则存在于道家、法家、墨家等等的文献中;还有中国历代王朝经验的主要记录。在其核心价值中,我突出了高尚的人(君子)的学问和道德责任,即儒家对个人或人的典范,以及家庭中和亲族制中的礼仪秩序,它最好地体现了儒家信用社会的理想的结构和进程。而埋藏在汉代历史、汉代法律和汉代制度之中的,则是这些传统的价值对帝国时代初期中国生活的现实的各种重要的适应。

在下一个阶段,我们将看到,当这一遗惠被传到较为落后的东亚各国中间时,它对其他民族留下了多么深刻的痕迹。然而,把它带到国外的既不是儒家的学者,也不是法家的专家,更不是汉朝的军队。联合起来一道建立了伟大的汉文明的各种力量,并不能使这个中心坚持下去,更不能保卫边疆。汉代的威力和儒家的教训并未能实现荀子的热望而创立一个地上的天国;到了公元2世纪末叶,随着皇朝的沦落,儒家学者就只好返求《易经》以伺时机,并寻求某种神谕指出新的一天将会在四周的阴霾之中破晓。而把这个阶段置之于东亚文明的下一个伟大的时代的,则有待于外来的征服和一种外来的宗教。

第二章　佛教时代

从纯粹中国历史的视角来看,佛教是在一个政治和军事的混乱时期渗入中国的,这是桩很有意义的事。当时传统的制度是最无力设置其文化防御的,一些观察者会把那时候的中国人看成异常之容易接受一种异域的出世的信仰,因为它对人们在混乱时期的苦难提供了一剂止痛药。人们可能说,这种观点在荒芜的北方有理有据,那里在外族的征服下,生活的混乱以及原来传统的破坏达到了极点。但在中国的中部和南部,中国人正在扩展其疆域而且经济正在发展,那里还不是一幅弥漫着艰难与贫困的画面。相反,对于形成所谓士大夫的精英们的生活,佛教却常常显得很丰富和自我放纵。这一时期的文学,带有某种生活的欢乐甚至颓废,另一方面又存在着一种怠惰与颓废的享乐主义。同时,新道家精致的空与无的哲学流行于第3世纪,反映着知识界中一种普遍的厌倦与混乱,他们一度曾感受到公职在召唤,但是现在却怀疑旧的价值和公民的美德了。受过教育的阶层已经看到了他们的世界中心在崩溃,而且伴随着这一点,他们规划世界的使命——即实现地上天国的梦想——终于破灭了。一种深沉的精神病态——那比身体的饥渴还要根深蒂固——似乎已经开始了。

不过恰好是在这种生活状况下,佛教显示了它自己。在佛陀一生的传说中,在离弃了宫廷享乐并见证了人类的苦难之后,他对于这种震撼人心的经历的反映是富有启发性的。他并不急于帮助受苦受难的人们,也没有回到他的宫殿,寄希望于重新运用权力以改革社会弊端,或减轻人民疾苦。相反,他开始了漫长而坚定的宗教追求,要寻找问题更为根本的答案,而非提供仅仅是外在的医治或暂时的缓和。

佛陀就以这样一种方式来向人类的困境讲道,他达到了他自己的诊断,即生活内在地包含着苦难,而苦难则源于欲望和自私的追求,这些论断与中国早期的设想截然相反,尤其是与中国人对于生活享受的设想截然相反。然而,伴随着这种悲观的分析,他提供了一种高度乐观的诊断和药方。他说,自私的追求能够灭绝,而且为了达到这一点他甚至给出了一种特殊的方法——即导致心灵的正确集中的自律思想和行为的八正道,在这种冥想的状况中,人们可以达到觉悟并且经历涅槃的寂静。

在佛教来到中国时,这种基本的教义与实践方法已经变得异常之精密,但是在某些程度上却也被修正了。在佛教的大乘派中,一个最有意义的变化——随着它之来到中国——乃是成佛的概念大大取代了涅槃而成为宗教成就的目标。这在《莲华经》中尤为戏剧化地表现了出来,这部经注定要成为整个东亚最流行的宗教典籍。《莲华经》将早期所谓的小乘派教义斥之为本质上是消极的和局限的,它并不停留在不可界定的和毫无色彩的涅槃上,而是停留在佛陀绚烂的个人品质以及菩萨的慈悲帮助上,一切有生现在都被保证其具有"佛种",而且在菩萨的帮助下他们能够使这些种子结果——另外,相对于经过八正道艰难地上升到涅槃这条道路(很少有人能够寻求到它的终点)而言,这一前景对大多数人更具吸引力。

《莲华经》的语言荣耀了佛、菩萨以及其他天神,其自身已是足够动人的了,而佛教的绘画与雕塑则更加激发了人们的宗教想像。引人注目的是,这一时期与中国早期主要以描绘动物的形态以及人物的社会场景为主题的艺术相反,佛教艺术的出现荣耀了个人形象,并且对于各种道德的和精神的品质——超脱、心灵的穆静、镇静果断、勇敢、远大的抱负、智慧、同情——加以生动的表现,这些是以前所不曾有过的艺术表现。在某种程度上,这种变化可以反映在佛教在跨越大陆到达东方之前,早期的佛教在印度的西北部与希腊化时代艺术的接触。无论如何,有意义的是,这种表面上的超验的宗教——它将宗教生活常常描述为"出世"与"出家"——理应被当作是中国的、而且事实上也是东亚的如此之人文化的一种艺术载体。尽管我们习惯于把儒教和中国传统看作是人本的,而把印度的宗教看作是"出世的";但是认识到佛教对中国人具有那种人文主义的影响,对于我们的先入之见却是一项挑战。它可以起到这样一种功能,就表明了超越性的经验怎样能够是一种深厚的人伦的以及在文化上有活力的经验,哪怕当该宗教似乎是与其他的人伦价值根本对立的时候。

在这种情形下,早期佛教的两种最根本的和最有范型性的活动——即冥想与说教——忠实地表现于佛陀形象的典型姿态中。冥想与觉悟一样,对于宗教乃是固有的;说教和觉悟一样是有选择的——它一旦达到之后,便使人解脱了任何义务或强行改宗。不过,早期或晚期的经典、无论是大乘佛教或是小乘佛教,都把佛陀描述成说教的,而且他还教导他的信徒们去说教。有时有人说印度的宗教并非传教的宗教,这对于儒教肯定也同样是真确的。但是公正地说,与印度教之关心种姓和阶级、儒教关心亲族和团体相对照,佛教从一开始就是一种无家可归的智慧,是一种行乞的和传教的宗教。

这一事实对于理解佛教在东亚的历史作用有着极大的重要性。作为一种冥想的宗教,它可以被称作是内观的,但是它并不内观任何中心,并不内观任何实质上的自我或可以界定的自然,而且,作为一种说教或者传教的宗教,它所外观的世界也没有任何固定的权威中心。用教义的术语来说,确实任何佛教派别都是以自身的非实在性或固定的真理观之不可把握性——即一种认同于"空"的教义立场——为前提的。"空"以宗教术语来表达,尤其是在《莲华经》和《维摩诘(Vimalakirti)经》中,按照适应方式的原则,"空"被看作可以无穷地适应于信徒的状况或意识。最后以艺术术语来说,这一真理能够由佛的无数的玛德拉斯①或手势,或是由大慈大悲的阿婆卢吉低舍婆罗(Avalokitesvara)的千条手臂来代表。在中文和日文中,这个菩萨大多被表示为观音或是観音(Kwannon,かんのん),而除了那只擎起觉悟之灯的手,这众多的手臂都是空的。

正是为此,佛教在到达东亚时就可以自由地脱下它曾经披过的印度外衣,而它的双手就可以自由地拾起新的文化包袱而背负着它前进。在这一过程中,佛教还帮助带给朝鲜和日本大量中国古典的遗惠——以哲学、文学和艺术的形式,也以汉民族的各种思想和制度的形式。

在佛教与中国传统的早期相遇中,比如在标明为《牟子》②的对话中,我们发现翻译和采用佛教的概念有很多的困难。③ 毫不奇怪,这些概念有许多集中在对于自我、心灵、来生等等不同的观点上,这些困难很少能在概念的层次上加以明确解决。不过,在实践的层面上,佛教却迟早要使自己适应于大多数的中国家族系统和政治制度。佛教能够做到这一点,因为除了这种宗教生活特别要求人们"出世"(甚至这也仅仅是在某些有限的意义上适用于世俗的佛教徒),而且除了它敦促统治者把这种宗教作为一种精神好处的来源加以鼓励并保护起来而外,佛教很少特别讲到家庭生活或国家的组织与行为。④ 佛教在这些方面总是两手空空,它始终可以自由地适应于当地的口味。

---

① 玛德拉斯(mudras):为印度古典舞蹈中表达主要感情的一连串微妙的手的抖动。——译者注
② 《牟子》一书以调和三教为主旨,疑为六朝人所撰。——译者注
③ 见狄百瑞、陈荣捷与华生编《中国传统典籍选编》卷一:页274—279(利昂·贺威兹译〔Leon Hurwitz〕)。
④ 见陈观胜《中国对佛教的转化》(普林斯顿:普林斯顿大学出版社,1973年,Ch'en, Kenneth. *The Chinese Transformation of Buddhism*. Princeton:Princeton University Press,1973.),页105—106,124。

这种适应的过程以及佛教在朝鲜和日本的进一步扩展的过程,在中国重新统一于隋朝和唐朝之前就已开始了。因而当佛教出现在东亚的其他地方时,它主要地并不被人看作是中国权力和影响的扩张,相反被看作是佛教走出亚洲而渗透到了东亚的边缘——这出现在本土的政治分裂和文化迷失以及朝鲜、日本快速的历史变化之时。佛教能够促进7—8世纪朝鲜和日本进行国家建设的新过程,在我看来,这又是其精神动力以及它对新形势的适应性的一种功能。它可以用来作为历史的忠诚的一种溶解剂和新的忠诚的一种赋形剂。

　　宗教不以它自身的精神使命的内在形式、而相反以反映新的历史局势的形式来充当文明的载体,这既不是第一次也不是最后的一次。基督教传教士近代在东亚完成了大致同样的作用。他们对文明作出贡献的详尽经历尚有待于阐述,但如果人们认为传教士赖绍华①代表发展东西方理解的那批先驱,那么我们可以希望他们的贡献将吸引更多更加严肃的研究,同时我们便会认识到佛教的僧侣和香客早在多少世纪之前就作出了同样的贡献。

　　在早期的情况中我们看到,佛教普世主义的教义如何能作为早期日本氏族统治社会所特有的那种特殊主义的忠诚的一种溶剂,当时佛教自身首先带有某些氏族宗教的色彩;然后,当它参与了国家建设的过程,便成了一种"国教",从一开始就在皇帝的庇护和保护下得到促进。正如我前面提到的,佛教并没有自身确定的权威中心,故容易接受皇权。真正的问题是皇权——即政治中心本身——能否维持。人们切不可将这种历史情形等同于中国的唐朝。在那里,国家是一支防护严密的力量,而在日本的文明化生活(即有文字的、筑了城的社会)之初,或许除了日本本土的传统——多中心的、特殊主义的以及严格等级制度的——会是最可能的决定因素外,并没有什么结果是不可避免的。

---

① 赖绍华(A. K. Reischauer,1879—1971):美国长老会传教士,日本研究家。——译者注

在这一点上,我们可以详细地研究一下以圣德太子①的"十七条宪法"而知名的对这个问题最引人注目的论述,它被认为出自7世纪早期采纳佛教和中国政治制度的这位日本政治家之手。关于这一文件的真实作者及其年代的问题,已被提出很长时间了,但即使"十七条宪法"中的每一条均非圣德太子亲手所写,但很少有学者怀疑它们基本上代表了他的思想。② 既然原文出现于《日本书记》(Nihon Shoki,公元720年),不管怎样它都反映了早期建国时期的观点,正如早期编年史所记载的,已变成了作为日本神话基础之一的教规。然而不仅如此,它的成分中还有一种独特的智慧在起作用的痕迹。③

尽管"十七条宪法"原文中所应用的 kempō(宪法)一词,自19世纪末便被当作现代西方意义上的"constitution"而使用着,但其本来的意思更可能是"示范的法律",或"基本的模式"。该词很少有与近代宪法相关的法律内涵,它不是指法理体系的最终依据,倒不如说是一整套政府行为的基础道德训条以及政治方针。在这一方面,"十七条宪法"更类似于《美国权利法案》④的最基本的条款,据说如果没有《美国宪法》的其余部分,它们就会是没有意义的。"使之得以运转的,保证这些并非是空洞诺

---

① 圣德太子(574—622):用明天皇的第二皇子,推古女天皇时任摄政。——译者注
② 有关这一论题的文献极多。有鉴于我们的目的,注意到埃德温·赖绍华(Edwin Reischauer)的结论——即这份文件"看来代表着圣德(Shōtoku)的思想"便足够了。见莱斯彻、费正清与克莱格《东亚:伟大的传统》(波士顿:霍顿·米夫林,1959年,Reischauer, E. O., J. K. Fairbank, and A. Craig. *East Asia: The Great Tradition*. Boston: Houghton Mifflin, 1959.),页475;又见赖绍华《日本:一个民族的故事》(纽约:克诺夫,1970年,*Japan, The Story of a Nation*. New York: Knopf, 1970.),页20。
③ 小西仁一《日本文学史》(普林斯顿:普林斯顿大学出版社,1984年,Konishi Jin'ichi. *A History of Japanese Literature*. Princeton: Princeton University Press, 1984.)卷一:311页。他在衡量过拥护与反对两方面的论证后,得出结论说:"'十七条宪法'很可能是圣德的作品,但是他周围的朝鲜移民知识分子必定也做出了重大的贡献。我愿意想像,诱导这些知识分子的合作和团结起来写出具有这样思辨力量的著作,只有圣德太子本人是这部著作的作者,才能办得到。小西说,无论如何,"我们可以下结论说,现存的'十七条宪法'根本上始终是推古天皇(Suiko Tennō)时代的一部作品。"
④ 美国宪法前十条修正案,被称为《权利法案》,于1789年华盛顿就任总统时,由国会通过。——译者注

言的,乃是原来宪法所建立的政府结构、政府的制衡。"①在"十七条宪法"中缺少这类结构的证据,即制衡或是严格分权的证据。只是后来采用了唐朝形式的法典,这类结构和界定才得到了发展,至少是在书面上得到了某些东西。

"十七条宪法"忠于中国的概念,明确肯定了中央集权,但却伴随着对它极其异常的规定,并把其他几股中国的与非中国的思想交织在它那松散的结构中。这一点的证据出现于第一条中:"以和为贵,无忤为宗。人皆有党,亦少达者……然上下和睦,谐于论事,则事论自通,何事不成。"②此处使用的语言都可以在儒家的经文《论语》和《礼记》中找到,而且其基本精神也是儒家的;但其情绪则是普遍的,而且同样可以为佛教接受,或者说在缺少早期记载的情形下,人们也可以假定它为日本本土的传统所接受。这里,"和"与"同"是主要的价值取向,而非主张一种传统超越于另一种之上。

第二条肯定了佛教对于社会秩序之精神贡献的基本重要性:"笃敬三宝,三宝者,佛法僧也,则四生之终归,万国之极宗,何事何人,非贵是法,人鲜尤恶,能教从之,其不归三宝,何以直枉。"③这是在"十七条宪法"中唯一明确提到佛教的地方,而且可以被视为一种纯粹的姿态。但是佛教实际上并不是一种国定的教派,习惯上对它可以只要求有一种敷衍的敬意。但正相反,它在这里(即圣德太子眼中)表现为一种新的天命,它受到日本人的欢迎,正如它被其他各处、被各个国家和人民作为一种普世的教导所接受那样。不过,圣德太子并没有从佛教中引出任何特殊的

---

① 法官安东宁·斯卡利阿(Antonin Scalia)的话,引自1986年8月6日的《纽约时报》。
② 原文由家永三郎和筑岛裕校对并注释的《圣德太子集》,载《日本思想大系》(东京:岩波,1976年, Ienaga Saburō and Tsukishima Hiroshi, eds. *Shōtoku taishi shū*, in *Nihōn shisō taikei*, vol. 2. Tokyo: Iwanami, 1976.)卷二:12—23;译文加工引自阿斯顿《日本书记》(伦敦,凯根·保罗出版社,1930年, W. G. Aston, *Nihongi*, *Chronicles of Japan*, London, Kegan Paul)卷二:128—133。
③ 《圣德太子集》页13。

政治结论这一事实,是意味深长的。事实上是什么也没有得出来。当然,佛教是在意识的深层起作用,如果人们要应付精神更深层的紊乱("人之枉"),就必须进入人类最深层的动机,这是统治者最终所必须要考虑的。

以下四条探讨的是典型的汉儒所关心的问题:维护由天、地、人的等级制度所代表的政治权威的结构,作为社会秩序的根本工具的礼,法律的较为次要的作用,以及妥善地处理讼、罚、赏。这些已经涉及儒家和法家的路数的综合,而且人们几乎能够听到汉代学者董仲舒本人讲话的声音。不过,"十七条宪法"以一种新的形式提出了究竟是以人和个人性格还是以法律和非个人的体系作为政府的支柱的老问题:

> "人各有任,掌宜不滥,其贤哲任官,颂音则起,奸者有官,祸乱则繁。世少生知尅念作圣,事无大小,得人必治,时无急缓,遇贤自宽。因此,国家永久,社稷勿危。"①

如果人们以这条与本书第一章中董仲舒关于统治者的关键作用的引文相比较的话,便会注意到圣德太子的议论是指向大臣和官员的,谨慎地避开了任何涉及皇帝的地方;而中国汉代的董仲舒则直接把首要的责任放在皇帝身上。在第十条中,圣德太子强调了在事件处理(政府主要的"信用"性)中认真和相互信任的重要性之后,便回到了统治者身上的智慧与德行的主题上面来了。在这个关头,他发表了一些惊人的言论:

> "绝忿弃瞋,不怒人违。人皆有心,心各有执。彼是则我非,我是则彼非。我必非圣,彼必非愚。共是凡夫耳,是非之理,讵能可定。相定贤愚,如环无端。是以彼人虽瞋,还恐我失。我独虽得,从众同举。"②

---

① 《圣德太子集》,页16。
② 《圣德太子集》,页18。

这里又避免了直接涉及皇帝,而把议论维持在常人的层面上,但在这个层面上却以惊人的坦率与真实暴露了人类易犯错误的问题。圣德太子不是在引证天的权威以及它所保障的道德确定性,而是否认了贤圣权威的任何借口,并将自己放在与其他人一致的水平上。用佛教的术语来说,唯一有意义的区别乃是存在于觉悟与未觉悟之间:统治者与被统治者都同样作为常人而有可能落入后一范畴之中。① 况且,此处所蕴涵的乃是佛教依据"空"的观点而对于真理的一种怀疑主义。这就导致了(并且反过来又因此而加强了)日本人所不情愿的使神圣的东西(即王权)受到玷污。换句话说,存在着这么一种意向,要维持宗教与道德之间、精神领域与人事行为之间的一定距离。这一偏爱后来因日本人选择天皇(tennō)一词来表示皇帝而得以证实,这一中文词汇与都城北隅的神相一致,皇宫便坐落在那里;而并非人们使之与上天的道德诫命相联系的字,那可能暴露出声称皇室在血统上的绵延不断成为问题。②

圣德太子继续提到这个问题。在第十四条中又遇到了在儒家圣贤统治的观点与对人性更为怀疑主义的观点之间无可避免的对立:"嫉妒之患,不知其极。所以智圣于己则不悦,才优于己则嫉妒,是以五百岁之后,乃今遇贤,千载以来难待一圣。其不得贤圣,何以治国。"③此处,圣德太子坦然地面对着儒家对于人类智慧和德行的信心与受到佛教怀疑主义的尺度所影响而对这些品质的现实主义的评估二者之间的矛盾。但是,他却有一种对付这种外在困境的办法。正如他在第十五条中所说

---

① 见家永三郎与筑岛裕的评论,同 P26 注②,页 18,383—384。
② 见酒井忠夫《道教在中国周围区域的传播》,载《1983 年第 31 届亚洲与北非人文科学国际会议汇编》(东京:东方学会,1984 年, Sakai Tadao. "Dissemination of Taoistic Religions over the Regions Surrounding China." *Proceedings of the 31st International Congress of Human Sciences in Asia and North Africd*, 1983, vol.2. Tokyo: Tōhō gakkai, 1984.)卷二:246—274。酒井反对早期人们把天皇认同于一个道教的概念,把它认同于唐朝都城——当然是作为日本首次定都于奈良的模式——的诸神相联系着的一种明显的传统仪式。也正是在这一期间,编写了早期的历史书。
③《圣德太子集》,页 20。

的,个人应当通过"辩"的过程使自私的利益以及私下的意见服从于公益;在这一点上,他又指向了强调"上下和谐"①的第一条。

最后,在末一条中我们读到:"大事不可独断,必与众宜论。少事是轻,不可必众。唯逮论大事,若疑有失。故与众相辩,辞则得理。"②原文中所努力追求的那种辩证过程的结论便是如此,从其一开始对于辩论中和谐的最高价值这个前提出发,并且经由表面冲突但本身有效的对于真理的争执,达到了这样的结果,它不单是一种静态的妥协,更是形成了"同"的动态过程。

"十七条宪法"中的大多数语言都来自儒家经典,而且许多涉及特定制度的安排都得自于中国的模式,这反映着已经出现了的古典儒教与汉代制度之间的对话。拥护佛教而提出的说法,并不代表二者必择其一的模式,而仅仅是相对照的各种看法,一种是超验的信仰而另一种则是彻底的怀疑主义。原文本身把这些与"空"的观念联系起来的证据还很微弱,但决不会错。③ 况且,对当时已知的"空"的教义的流行还有着强有力的文献依据,比如在桔(Tachibana)夫人献给圣德太子作纪念而保存在法隆寺(Hōryūji)的天寿国曼陀罗的刻词中可看到"世界空幻,唯佛真实"。同适应的办法这一学说一道,这也是《维摩诘经》的一个主题。不管圣德太子是不是被认为归之于他的名下的全部三部经论的作者,已经知道的是《莲华经》、《维摩诘经》、《胜鬘经》一起传到了中国和朝鲜,并且那时候在日本达到了极盛。《莲华经》正如它的标题《妙法莲华经》所提示的那样,在精神层面上宣扬一种普遍的律法,通过"空"及其适应办法的原则,它能够很容易地与提供了"十七条宪法"主要内容的中国的世俗法律以及制度相调和。确实,正是适应的原则,能够使这两种法律的宗教的以及世俗的概念共存于7世纪的日本。宗教概念及其崇高的精神

---

① 《圣德太子集》,页 20。
② 《圣德太子集》,页 22。
③ 《圣德太子集》,页 379—385。

向往,就在圣德太子法隆寺内的多宝塔周围翱翔着。法隆寺以及在大和(Yamato)平原上耸立的其他众多寺庙建筑都用佛法书写它们的名字:方広寺(Hōkōji)、法轮寺(Hōrinji)、法起寺(Hokkiji)、法华寺(Hokke-ji)等等。在适当的时候,随着这些宗教法律的体现,便出现了不断地对圣德太子的《宪法》更加精确定义的世俗法典的汇编,至少是在文字上。

圣德太子所调制的各种大陆成分的混合,已经由宫本正尊(Miyamoto Shōson)[①]这位主要的末代日本学者总结如下:"强调需要有公共讨论以及人民的合作,乃是由于道家阴阳消长循环原则、儒家的中庸原则以及佛教的民主平等的影响。"[②]

宫本正尊并没有给出语言学上的证据,而且我要说,原文中也找不到任何他那种调和的解释,这或许最好看作是一种普世的姿态,正如这种情形所常常发生的,慷慨地共享着一种普遍的信心,同时还蕴涵着人们自身的信仰(佛教)要比其他的信仰更为平等。令人惊奇的是,支持这种综合工作的日本本土的事例却没有被提到。同一时期的有关讲述本土传统的文献,比如在解释日本起源的《古事记》(Kojiki)中我们发现有明显的多元的创世观,对于个体价值的赞美以及众神之间不可抑制的嬉戏的画面。与此同时,存在着一种通过协商过程来调和难以控制的相反力量的倾向——比如,当日照大神被她的兄弟污辱,便把她的光隐蔽在洞内而促成了一场危机,之后八百万众神(yao yorozu no kami)一起商议如何将她请出来。[③] 同样的思想可以见之于古代 Izumu 的神龛上,据说那是体现了相反成分(musubi)结合的精神的;人们相信各个地区的各

[①] 宫本正尊(1903—):大正、昭和时期的佛教学者。——译者注
[②] 宫本正尊《日本哲学理论与实际事物的关系》,载查理斯·A·摩尔所编《日本的心灵》(檀香山:夏威夷大学出版社,1967年,Miyamoto Shōson. "The Relation of Philosophical Theory to Practical Affairs in Japan." In *The Japanese Mind*, ed. Charles A. Moore. Honolulu: University of Hawaii Press,1967.),页7。
[③] 菲利普《古事记》(东京:东京大学出版社,1968年,Philippi, D. L., trans. *Kojiki*. Tokyo: University of Tokyo Press,1968.),页47—54,81—86。

种神祇在每年第十个月都举行一次会议,每个神都居住在自己的小神龛内,仿佛是围绕着主神龛举行一次会议的圈子。(当地的牧师们声称这是神道民主早期的一个范例!)可以拿这些情况与儒家《书经》的开篇作一比较,那里面的基本神话乃是圣王尧帝卓然独立而作为智慧、庄严和自律的完美的化身;这样人们就能够想像何以日本人并不完全满足于接受这样一种合理的道德理想来作为政府的基础,而认为只有把事情明确说出来才更好。

就民主而言,这是一个自由的世界——每个人都能够用自己的语言为自己下定义。但是我要说,"十七条宪法"的重要性可以以其自身的语言而更好地为人领会。由圣德太子和他的后继者所设计的体制安排业已过去很长的时间了,"议"与"和"的形成过程,在日本各个时代的事件中起着关键作用而且经常处于幕后,在氏族会议、家族会议、咨询机关和党派会议中它仍继续存在;对我来说这一点很重要。这些是否被认为是"民主"的,并没有这种所谓的"宪法"重要——那被证明要比其他可能与之有联系的任何法律体制都更好地表达了日本政治过程的本质。

"十七条宪法"本身乃是与大陆各种哲学对话过程的独特而突出的产物。每一种大陆哲学都扮演其自身的角色;尽管佛教最初在日本比儒教发挥了更大的影响。有人往往不大注意到它们互补的思想仍然存在。这可以在日本佛教的两位伟大领袖最澄(Saichō)①和空海(Kūkai)②的教育规划中看到。对于他们,儒家以贤哲作为政治领袖的概念以及为了这一目的而学习儒家经典,仍然是必不可少的。以至于作为一个有志向佛的僧人若希望承担任何公职,就需要成为一位"贤哲"、一位儒家的君子。③ 而甚至在日本武士(samurai)的全盛期,占统治地位的北条氏

---

① 最澄(Saichō,767—822):日本平安初期的僧人,日本天台宗的开山祖师。——译者注
② 空海(Kūkai,774—835):日本平安初期的僧人,日本真言宗的开山祖师。——译者注
③ 狄百瑞编《佛学传统》(纽约:兰登出版社,1969年,The Buddhist Tradition. New York: Random House,1969.),页283—286,309—313。

(Hōjō)的家法①便引用了《论语》来支持协商才是人事行为的核心这一思想。②

我相当详细地叙述了"十七条宪法",因为这一文件对东亚文明第二阶段主要传统的对话是那么具有启发性。在东亚没有什么别的地方可以找到任何文献能与之相比。这告诉了我们某些有关东亚以及日本的东西。中国和朝鲜用统治王朝的开国之父手中传下来的祖宗之法当作"宪法"来代替这项宪章,那决不是一种更好的解决办法。圣德太子的"宪法"尽管松散和缺乏法律上的界定,却至少是给予日本人以更大的操作空间以及一个运作上较少障碍的模型。

如果我的主题只是佛教对于日本的适应,那么就需要对佛教之适应于神道教以及日本人的情感的和审美的生活——正如在他们丰富的文学和艺术里所表现的——给予更多的注意。正是在这一领域,这两种宗教确实具有重大的相互影响力。但正是在政治和社会的竞技场上,可以观察到它们彼此之间的以及对儒教和中国历代王朝体制的呼应,而且圣德太子的情况有可能被当作是这一点的现成范例。

在中国,佛教在许多方面是与另一种不同的王朝命运相联系的,唐朝盛期经历了它最伟大的岁月。武后是7世纪后半叶中国实际的统治者,而那时佛教正处于它影响的巅峰,就很好地说明了这一点。在与她的政治利益相一致的各方面她都保护了佛教,而作为报答,她被华严僧称作是转轮圣王(chakravartin)以及弥勒(Maitreya,佛教的弥撒亚)的化身。然而,在篡夺了王位并建立了她自己的王朝以后,武后便采用了朝代名号"周"以及儒家的名字"则天"("一个以天作为自己准则的人"),因而至少在名义上肯定了儒家教义,而且在实践上更加肯定了王朝体系

---

① 北条氏的家法,即《重时家训》,为北条重时(1198—1261,镰仓幕府的武将)所作,对于公家家训的影响甚大。——译者注

② 卡尔·斯丁斯特鲁《北条重时(1198—1261)及其在日本政治与伦理思想史中的作用》(伦敦:寇松出版社,1979年,Steenstrup, Carl. *Hōjō Shigetoki (1198—1261) and His Role in the History of Political and Ethical Ideas in Japan*. London: Curzon Press, 1979.),页167—168。

作为政治的理性化和合法化的主要源泉。这个新王朝是短命的,但武后对于朝鲜和日本仍旧是佛教和统治者之间亲密关系的一个楷模。

今天位于奈良的东大寺(Tōdaiji)和铜大佛(Daibutsu),不但对日本8世纪的圣武(Shōmu)天皇而且对武后——她对地方寺院和尼庵中央管理的系统为圣武天皇所采纳——都是活生生的纪念碑。同样,在朝鲜庆州附近的巴而古克萨(Bulguksa)寺(佛国寺)及其壮丽的佛像石雕以及在巴而古克萨之上的苏库拉姆(Sukkulam)岩寺的守护神,再次遵循了武后在中国龙门石窟的例子。他们把世界的统治者驾御普遍的精神共同体的思想,建立在华严哲学对于现实的各种因素之相互渗透和相互融合的基础上,其中政治的和宗教的秩序是互相支持的。但是当华严宗讲到原则及其实现或示范之间的互不相碍(理实无碍)的时候,这就预言了无常、空、或者是觉悟的真理以及一切人类的经验之被同化为觉悟的经验。华严宗对于世界的整体把握,是把它看作彼岸世界得救的一座剧场;而并不断言在这个世界中贯穿着有如此这般的固定原则存在,即并不断言能够给政治秩序提供一根杠杆以及导向政治改革的明确价值的存在。

实际上,这可能只不过意味着宗教和国家的共同存在,既不牵涉任何对抗又不牵涉任何严肃的对话。因而在佛教和中国的王朝国家——它成为东亚的一个范本——的实际"亲密关系"中,我们看到了佛教对于中国政治暂时的适应——宗教使统治者合法化,而且统治者也保护宗教,但两者并没有任何真正的相遇或交流。华严宗对中国的政治传统没有留下任何残余的影响,而且是否存在任何相反的影响也很值得怀疑。

自8世纪末以后,佛教随着唐朝本身的瓦解而在教义上以及在制度上开始衰落。不过,另有一种看待这一过程的方法,即把它看作是一个过渡的时代,是的,一个对于中国的生活环境更进一步适应的时代。就此而言,人们可以说,大的寺院体制和各个教义派别衰落了,而各种贬低教义的宗教实践新形式却取而代之了。其中,禅宗冥想的实践以及净土宗的一心念佛乃是中国晚期佛教中最有代表性的。近几个世纪以来，寺庙和寺院常将这两者放在一起实践。不过，我这里只讨论禅宗，它在东亚文明下一个主要阶段理学的发展中将具有较大的影响。

禅宗的宗教理想乃是《坛经》中所展现的六祖惠能的形象。他的故事在其讲道一开始的几行被这样加以叙述：

"好朋友们，请静听。我父亲原来在范阳作官。（后来）他被罢黜，贬到岭南（广东）的新州为民。我还是个小孩子的时候，父亲就死去了，而年迈的母亲和我这孤儿便迁移到了南海。我们经历了极端的贫困，就在那里的市场卖柴。偶然有一人来买些柴，并带我一同到官员的住处。他取了柴便走了。我收了钱即转向前门，忽然看见另有一个人在诵《金刚经》，一听到它，我的心便明亮了，而且我就觉悟了。"〔"善知识净听，惠能慈父，本官（贯）范阳，左降迁流（岭）南，（作）新州百姓。惠能幼少，父小（又）早亡，老母孤遗，移来（南）海，艰辛贫之（乏），于市买（卖）柴。忽有一客买柴，遂领（令）惠能（送）至于官店，客将柴去，惠能得钱，却向门前，忽见一客读《金刚经》，惠能一闻，心便名（明）悟。"〕①②

根据这一叙述，惠能从同一个人那里知道了五祖，五祖有许多僧俗门人。他鼓励这些人说："如果他们能够背诵仅一卷《金刚经》，便能看到他们自己的本性并以直接的领悟而成佛。"〔但特（持）《金刚经》一卷，即"得见性，直了成佛。"〕惠能为此而感动，便礼拜五祖并述说如下：

弘忍和尚问我："你是从哪里来到这座山礼拜我的？你要从我

---

① 菲利普·雅姆包斯基译《六祖坛经》（纽约：哥伦比亚大学出版社，1967年，Yampolsky, Philip, trans. *The Platform Sutra of the Sixth Patriarch*. New York: Columbia University Press, 1967.），页126—127。
② 惠能之后，先后出现四种《坛经》，其中惠能当时的法海所记的本子（即敦煌写本）最早，其他依次出现的慧昕本、契嵩本、宗宝本相去越远则窜改越多。详见郭朋《〈坛经〉对勘》（齐鲁书社，1981年）。此处文中《坛经》译自法海本，以下引文亦同。——译者注

这里寻求的到底是什么呢?"

我回答说:"我来自岭南,是新州的平民。我远道至此只是来礼拜您。我不寻求什么特别的东西,而只是佛法。"

大师于是责难我说:"如果你从岭南来,那么你就是一个蛮子。你怎么能够成佛呢?"

我回答道:"虽然人有来自南方和北方的不同,但是佛性没有南北。尽管我蛮人的身体与您的身体不同,但是我们的佛性有什么差别呢?"

大师想要与我继续讨论;但是看见附近有他人在旁边,大师便不再说了。之后,他打发我与众人一起劳作。后来一个俗家信徒让我去脱谷房,我在那里踩碓八个多月。

〔"弘忍和尚问惠能曰:汝何方人?来此山礼拜吾,汝今向吾边复求何物?

惠能答曰:弟子是领(岭)南人,新州百姓,今故远来礼拜和尚,不求余物,唯求佛法作(作佛法)。

大师遂责惠能曰:汝是领(岭南)人,又是獦獠,若堪作佛!

惠能答曰:人即有南北,佛姓(性)即无南北;獦獠身与和尚不同,佛姓(性)有何差别!

大师欲更共议(语?),见左右在旁边,大师更不言,遂发遣惠能,令随众作务。时有一行者,遂差惠能于碓房,踏碓八个余月。"〕

当然佛经中不只是这些,但其中有许多都与一场继承的斗争有关——它是大多数历史学家感兴趣的,而以宗教的术语或以教义的问题而更多地告诉我们有关禅宗所遗留下来的都是什么而不只是禅宗会成为什么样子,因而并不是很有启发性的。此经文的中心神话事实乃是惠能本人的故事,而在后代这部著作的极大流行——它导致了后来禅宗各派都奉惠能为他们的祖师——乃是这一典范人物的极其动人的诉求。

从上面几段引文中,人们可以迅速意识到大乘佛教已经怎样地适应于中国人的禅宗口味。它是人人都有一种直接顿悟的新模型,正如以现实生活中的中国方式讲述的一个街头不识字的孩子——他贫困,是个孤儿,除了天生的智慧之外,其他各个方面都很不利,却双眼明亮而注定了要成佛。确实,《莲华经》已经宣扬了人人都有佛性,而且《维摩诘经》则表明了菩萨作为一个俗人,怎样能够成为人人的一切。但是维摩诘以其超凡的才能及惊人的作用和适应手段的储备,对于有文化的中国士大夫或者对于像圣德这样有学问的太子要比对中国的常人更有理由成为一种理想。相形之下,惠能乃是中国平等主义理想的人格化。他是不带光圈的佛、没有翅膀的菩萨,①是从中国大地上崛起的常人。他的故事以散文式的、讲述事实的语言,就像一个地方政府的小吏在叙述佛自己的话,然而大旨却传达了一篇经文。它不应该被误认为是拙劣地模仿经文,而是一篇结束一切经文的经文:它不是对这个世界、而是对一切放弃,以及对一切不属于这个世界的宗教狂热的放弃。

由此出发,禅宗不再以传统的语言进行交流而进入了根本的寂静状态,仅留下几条晦涩的公案以及它自己那种教导的惜墨如金的公式的一些痕迹,例如下面几句:

"不立文字,直指人心,见性成佛。"

经文的研究仍然是一种选择,但是既然不信任文字,这一选择就并不经常被采用了。甚至于僧人的戒律也只是勉强地写成文字。② 这种不信任看来似乎是不大可能发展的,如果人们承认当时僧俗之间的任何真正的差别已经解体了的话。但是事实上,僧俗双方的目标仍然都是觉

---

① 雅姆包斯基译《六祖坛经》,页 127—128。
② 见于君芳《Chung-fen Ming-pen 与禅》,载陈学霖与狄百瑞编《元代思想:蒙古统治下的中国思想与宗教》(纽约:哥伦比亚大学出版社,1982 年,Yü, Chun-fang. "Chung-fen Ming-pen and Ch'an." In *Yüan Thought: Chinese Thought and Religion under the Mongols*, ed. Hok-Lam Chan and W. T. de Bary. New York: Columbia University Press, 1982.),页 431, 448—450。

悟,要到达意识的"彼岸",而且僧侣团体继续作为在禅宗的大师们和他们的弟子们的权威之下的修炼中心而存在。对他们来说,仍然存在着一个团体生活如何管理、戒律如何维持以及不诉诸文字的权威怎样得以继续的保证。确实,编写《坛经》的一个主旨就是要宣告、要公开地宣告有关禅宗内部真正的精神连续性。这一点是不能简单地以激发不可言喻的觉悟经验来加以决定的。

不过禅宗不情愿诉诸文字,这对他人、甚至对政府也是一个问题。既然通常对于僧人准予免服兵役和劳役,最终便出现了一个问题,是谁合法地被赋予了僧人的地位以及他们的豁免权。在一个以对于经典的文官考试(科举制)而闻名的国家,以考试佛教典籍来认可僧人的思想便很自然地被提了出来。但是当政府于公元1236年(南宋理宗端平三年)将要采纳这一提议时,一位禅宗的杰出领袖到了蒙古丞相那里去提抗议。这里是他们会晤的记录:

> 厦里丞相以忽都护大官人言。问师曰:"今奉圣旨,差官试经,识字者可为僧,不识字者悉令归俗。"师曰:"山僧不曾看经,一字不识。"丞相曰:"既不识字,如何做长老?"师曰:"方今大官人还识字也无?"①

隐含在这位禅宗大师所陈述的立场中的,乃是两种无法转化的困境,即宗教真理在文字上的不可表达性以及不可能说明谁是解经的最终权威。既然政府无疑也面对着寻找预期中的主考官这后一种困境,那么它决定后退便不奇怪了。在人们能够想到的挽回脸面的程序中,便只可能出现一幕喜剧,也许是源自怪异的明代小说《西游记》,它赞同"考试会举行的,不过没有一个与试者会落第"②。

---

① 念常《佛祖历代通载》,见《大正新修大藏经》卷49:703c—704a,冉云华在陈荣捷与狄百瑞编的《元代思想》中《大都的中国佛教》(Jan, Yün-hua. "Chinese Buddhism in Ta-tu.")里引用,页388。
② 念常《佛祖历代通载》,见《大正新修大藏经》卷49:704a。

42　　　因而禅宗毕竟在这个例子里证明了要比所有其他教派更为平等。但它只是一种相互绝缘的平等、一种对无为的默认。的确,我们不能说根本就不存在任何的对话或交流,但是如果历史的形势以迫切的人间语言要求实际上要作出某些事情来的话,又怎么样呢?人们怎样能够打开僵局,沟通个人的觉悟体验与对政治和社会行为的公众见解之间的隔阂呢?这不是早期的日本,那里可以设想国内的传统对这个问题提供有某种答案——或者是隐含地为人理解的或者是实际上可以达成的。但这是中国,在与本国传统的对话中,必须发现新的答案,必须设计新的机制和运载工具。于是,这就把我们领入了东亚文明的一个新阶段。

第三章　新儒家阶段

在赖绍华第一篇主要的学术贡献中,他研究了9世纪佛教僧人园仁①到中国求法,并描述园仁是那一个时代末叶"最后的伟大人物之一"——那个时代曾经看到了中国文明扩展到东亚的边陲,但是它这时却随着唐朝的衰落和对佛教的迫害而正在走向结束。赖绍华谈到9世纪是一个新局面的转折点,那是"一个伟大的形成期","最近几个世纪里西方所接触到的那个近代中国"②的大部分根本特征,就是在这时候出现的。

园仁大师作为"佛教时代"的最后见证人象征性地屹立着,这是很恰当的;因为正是佛教的宗教动力在传播到全亚洲时,提供了那种早期扩张主义的大部分的冲击力。以同样的方式,假如我谈到下一个阶段乃是新儒家时代,那是因为在这一时期的许多新发展中,新儒学证明了乃是在赖绍华所谈的"近代中国"与东亚其余部分之间最富有生命力的联系。从内部来看,与本土传统的坚韧性及其同化能力相比较,可能会存在关

---

① 园仁大师(Ennin,794—864):日本平安前期天台宗僧人,入唐求法近十载,著有《入唐求法巡行记》。——译者注
② 埃德温·赖绍华《园仁的唐朝之行》(纽约:罗纳得出版社,1955年,Reischauer, Edwin O. *Ennin's Travels in T'ang China*. New York: Ronald Press, 1955.),页6—9。

于佛教或新儒家渗透到这一地区任何一种文化中的真实深度究竟如何的问题。然而,从东亚作为一个整体的观点来看,新儒家乃是塑造一种新的共同文化的首要力量,正如我希望在以下阐述中将要说明的那样。

我在前面说过,佛教乃是一种布道式的宗教;它那精神的动力和热忱,自然适合于赖绍华所形容的那种扩张主义的运动。但是儒教并没有这种皈化人的目的或使徒式的任务;所以人们很可能提出疑问,它怎么能产生一种与之相媲美的热情。那答案我相信并不在于承认新儒家与佛教之间的不同,而在于看出这一东亚文明的第三阶段是怎样地不同于第二阶段。总之,这并不是一种扩张主义的阶段,而毋宁说是一种以其强烈的内部发展的程度——经济上的、社会上的和文化上的——而闻名的阶段。在这种局面下,新儒家给予传教士和文化使节的活动范围要比给予教师、学者和官吏的来得小,同时它对念念不忘其自身内部发展的各个东亚文明提供了最可称道的基本理论——即在成为内心导向的积极意义上,它是自我中心的、保存自己精力的和专心致志于自己的努力的。在我看来,新儒家也是一把钥匙,可以理解后来在18—19世纪东亚各个内向的文明对于扩张主义的西方会怎样显得是内向的、自我中心的、自满的和孤立主义的,而对于东亚人来说,则西方似乎就是毫无克制的侵略性的化身——是放肆无忌的权力,不受任何道德的或精神中心的束缚。

但是再回到9世纪的中国,我们捡起园仁和赖绍华所留下来的地方——唐王朝和佛教都衰落了,而新的力量正在起作用并重塑中国社会。园仁在公元845—846年①所经历的那场对佛教的迫害,尽管触目惊心,其本身却对宗教并不必定是一次致命的打击。这次禁令是短命的,其最恶劣的结果或许在首都地区才最为人感受到,它只不过加速了佛教教会自身由于组织上和教义上早已开始了的淡化而向国外散布(假使一

---

① 即唐武宗(841—846年在位)会昌五年(845年)至六年的灭法运动。——译者注

种组织得如此散漫而又缺乏对任何权威的确定原则的宗教,竟然可以称之为一种教会的话)。然而,尽管有着这种表面上的消解,禅宗和净土宗佛教的生存却就在这一播散过程中得到了保障。禅宗的训练和实践,把焦点集中在祖师个人身上,而不是集中在一个教会或教区,而祖师则可能随处都有,随处都没有。净土宗的信仰是追求一个西方天堂,而不是一个尘世的城市;它对普通人是一条所谓"行易道"(与通过八正道的垂直向上相反)的捷径,无论是在什么时候或什么地方。

然而,对这两种佛教的形式而言,这一适应性和独立性的推论便是,它们大体上始终是脱离对政治和社会的关怀的。无论如何,它们从不追逐权力,只是有时要求荫庇和保护而已。禅宗和净土宗没有提出政治哲学、社会纲领,也没有另一套对公共事务的教程,对伴随着朝代衰亡的种种难题也没有提供任何的补救之道(除了个人可能从其中解脱而外);它们很少或根本没有参与(会赋予新时代以一种不同形态的)对这些问题的解决方案。

今天,在经过了几十年对所谓唐宋过渡期深入的、专门的研究之后,这一点仍是正确的,即在宋代所重建的王朝体制中,权力实质上是进一步地集中了,正如赖绍华早就说过的。这一点和中国社会的其他重大变化一道,就证实了这一时期应该被概括为"近代早期"。在目前这一简短的叙述中值得注意的变化有:精耕细作的农业的进一步发展(部分地是由于灌溉和耕作的新方法);工业和商业的增长(但国内贸易更大于对外贸易,与之相伴又出现了农业商业化的趋势);纸币的使用;人口的大量增长和大规模的城市化;富裕的提高(因地区而异,但一般地是支持了更高水平的文化活动,并且比以往更加形态多样);最后还有既有助于其他方面的进步又是由此而来的各种新技术。近年来,我们对这些技术进步的知识已经有了重大的扩展,但是就我的目的而言,对文化成长最为重要的则是唐代晚期所发明的印刷术的传播。既然宋代经久不息的光荣就在于它的文化成果,那么印刷术作为一种很有贡献的因素——既促进了而又规定着交流的形式——其重要性就很难被人过分夸大了。此外还应该注意到,这些进步都是在中国边界并没有任何扩张的情况下发生的,而且在南宋时期还是在大为缩小了的疆土上发生的。

新秩序有一个重大特征是早就为人公认而且至今仍无严重异议的,那就是出现了一个新的文人阶层、一群官僚的和文化的精英,他们领导地位的作用无论在中央政府还是在各级地方,都反映了宋代极其强调与武功相对立的文治(然而在军事的迫切重要性上或军事设施的巨大经费上,并没有什么实际的缩减)。由于宋代提倡文治,所以它鼓励各种有关形式的学术和世俗教育。卷帙浩繁的百科全书《太平御览》①(公元983年②)的书名就表达了这一热望,亦即要达到一个国内和平的黄金时代并且要作为对统治者的指导而编纂一部有关全部过去学问的汇编。这部百科全书典型地代表了政府既需要广博的知识又需要各种专门的学问,以应付范围广阔的各种复杂问题。③ 做出这类报导以供人随时参考的意图,不仅限于精英分子,而且由于有印刷术可用,这种世俗的学问便以百科全书、手册、教科书和各类文体范本的形式而传播开来,可以为更广大的读者服务。

文官考试制度扩大了,官吏的来源有了相对公开的渠道;这就提高了对教育的要求并引人越来越注意到需要有学校。正是由于企图解决这一教育的需要(这一需要佛教并不想去填补,尽管有时候它也对它的

---

① 见赫夫埃特编《宋代书目》(香港:中文大学出版社,1978年,Hervouet, Y., ed. A & ung Bibliography. Hong Kong: Chinese University Press, 1978.),页319—320;邓嗣禹与贝格斯塔夫《中国参考著作书目注释》第三版(坎布里奇,麻省:哈佛大学出版社,1971年,Teng, S. Y., and K. Biggerstaff. An Annotated Bibliography of Chinese Reference Works, 3rd ed. Cambridge, Mass: Harvard University Press, 1971.),页88;约翰·海格《混乱的意义:〈太平御览〉的起源》,载《美国东方学会学报》88(3):401—410(Haeger, John. "The Significance of Confusion: The Origins of the T'ai p'ing yu-lan." Journal of the American Oriental Society 88 (3):401—410.)
② 即宋太宗太平兴国八年。——译者注
③ 海格在《混乱的意义:〈太平御览〉的起源》中指出,《太平御览》实际上约至1030年以后才被更多地利用,这时候官吏和候补人考试大大增加了对这种类书的需要。

新入门的修行者准备一些对中国古文的基本阅读能力)①,便诞生了新儒学。宋代初期的教师楷模是胡瑗(公元993—1059年),他的学校被誉为官吏教育的模范,其中结合了古典研究与实用学识,包括行政、军事、水利工程、数学,学生们选择一种作为专业。② 这意味着,新的学问从一开始就采纳了技术专业化的需要,而不仅仅是造就君子式的业余爱好者。

然而,和实用的学问一样重要的——但这不可看作是理所当然的——则是对儒家经典的研究,其用意是要以价值原则来整理和组织新获得的大量知识(例如,经典在《太平御览》中并没有特别加以突出)。后人称赞胡(瑗)是一个特别肯献身的教师,他强调了儒学的"质、用、文学"。"质"是指经典中历久不衰的伦理原则,"用"是指把它们实际应用于当代,而"文学"是指明显的语言交往与文字概括的重要性。后者的意义正与禅宗佛教根据根本的真理乃是不可传达的这一理由而断然否定语言的概括作用(不立文字)相反。胡(瑗)的"质与用"强调了儒家人生原理的可应用性和可验证性,这又和佛家对任何经久不变的实质或性质的怀疑主义正相反。

新儒家称这种新的学问是"坚实的"、"真实的"或"实用的"学问("实学"),而与佛教和道教的"空虚"之学相对立。这种新学问之排斥佛教与道教,是众所周知的。往往不大被人认识到的是,它几乎同样地鄙弃古老形式的儒学——即鄙弃那类其主要性质乃是语言学的和历史学的经典研究;鄙弃百科全书式的博学,即兼容并收而缺乏任何评价的标准;鄙弃没有传达任何道德目的和信息的文章。

---

① 见埃里克·泽克为1984年9月在新泽西州普林斯顿召开的"新儒家的教育:形成阶段"会议所准备的论文《唐代的佛教与教育》(Zürcher, Erik. "Buddhism and Education in T'ang Times."Paper prepared for the Conference on Neo-Confucian Education: The Formative Stage,Princeton,N.J.,September 1984.)
② 见朱熹《近思录》中所引用的程颢的话。见茅星来《近思录集注》艺文印书馆重刻四库善本第一集(台北:台湾商务印书馆,1978年)卷十一;引自陈荣捷译《近思录》(纽约:哥伦比亚大学出版社,1967年,Chan, Wing-tsit. *Reflections on Things at Hand*. New York: Columbia University Press,1967.),页262—263。

然而伴随着对佛教的公开摒弃而来的，却有一种强大的倾向要默默地追赶佛教那种感人的精神性。当胡瑗出题考试程颐（公元1033—1107年）时，他拟定的题目是"颜子喜欢学什么？"①（"颜子所好何学？"）颜子即颜回，是孔子的得意门生，他在《论语》和《孟子》中被描写成虽然贫穷和地位低下，却始终欢乐地浸沉于学习之中。② 新儒家围绕着颜回而发展出一种人生理想的崇拜，那是已经接近儒家圣人境界的天福状态的一个人。③ 为了尊崇这种理想，当新儒家影响的极盛时期，就在孔子的诞生地曲阜建立起一座动人的颜回庙。在这一人间秩序的新宗教性中，我们感受到了佛教的精神性有一种为人所不知的影响。

这种与佛家的无言的对话，也可以从政治家范仲淹（公元989—1052年）的话里看出来，即"高尚的人最先忧虑世界上的忧虑，而最后才享受它的快乐。"④（"先天下之忧而忧，后天下之乐而乐。"）有人把这看作是新儒家借用了佛家的大慈大悲的菩萨理想。⑤ 然而，它那深层的意义则在于它对那种理想的反应，而不在于单纯模仿它。正有如颜回被誉为是追求人类知识的那种崇高精神的一个模范（也就是说，并非是通过一种觉悟而超越人类的知识），同样地范（仲淹）作为高尚的人（君子）也是一个把对人类幸福的关怀置之于追求个人自我心灵恬静之前的人，他只有顽强地致力于生活斗争之后才能轻松下来。虽未明说但不言而喻的是它

---

① 见河南程氏《伊川文集》四部备要本，载《二程全书卷八·杂著第一章〈颜子所好何学论〉》；引自陈荣捷译《中国哲学资料汇编》（普林斯顿：普林斯顿大学出版社，1963年，*Source-Book in Chinese Philosophy*. Princeton: Princeton University Press, 1963.），页547—550。
② 《论语·雍也第六》第二章、第九章，《论语·颜渊第十二》第一章，《孟子卷八·离娄章句下》第二十九章。
③ 见柳存仁《朱熹对元代的影响》，载陈荣捷编《朱熹与新儒家》（檀香山：夏威夷大学出版社，1985年，Liu Ts'un-yan. "Chu Hsi's Influence in Yüan Times." In *Chu Hsi and Neo-Confucianism*, ed. Wing-tsit Chan. Honolulu: University of Hawaii Press, 1985.），页534，对元代的这个倾向有相反的评论。
④ 狄百瑞、陈荣捷与华生《中国传统典籍选编》卷一：393页。
⑤ 见芮沃寿《中国历史中的佛教》（斯坦福：斯坦福大学出版社，1959年，Wright, A. F. *Buddhism in Chinese History*. Stanford: Stanford University Press, 1959.），页973。

把佛教相反的观念——即达到觉悟乃是菩萨回到世界上来觉醒别人的前提条件——颠倒了过来。①

这并不是一个微不足道的区别。新儒家程颐虽然明显地对个别佛教僧人的修持和性格印象很深,却相信这种修持毕竟与儒家的良心所要求于一个高尚的人(君子)的那种准备工作——即由人文学科的学术教育而形成那种在家庭或社团中的道德形态——并不相符。

当时流行的合一公式是把三教(儒、释、道)看作互补的:佛教诉之于心灵,道教诉之于身体修炼,儒教则诉之于对人类的社会关怀。程颐认为,人类的经验是不能这样分隔开来的。作为人生修养的道路,三教是从有关人类心灵的不同假设出发,把它们引向不同的方向。② 假如一个人把自己最美好的学习年华都消磨于参禅,他就无法获得应付迫切的人生问题所需要的知识和经验。一个人必须及早做出抉择并立下明确的信念。

一个世纪以后,新儒家伟大的集大成者朱熹(公元1130—1200年)也面临着同样的抉择。然而,当时局势已经大为改变了。11世纪种种重大的改革努力,显然并未能改善国家的问题,更未能如某些儒家所曾希望的那样,根据先王的模式重塑中国。即使是这些努力中最雄心勃勃和最坚定不移的王安石(公元1021—1086年)的所谓"新法",包括国家大规模积极干预经济,也被各级的阻力所挫败;而蔡京(公元1046—1126年)沿着同样路线的重新努力,包括国立学校(太学)体制的宏伟计划在内,③由于政治派系之争、军事失败和中国北部丧失给"野蛮的"侵略者而终于一事无成。此后宋代在南方的生存,其特点为紧缩与巩固、国家作

---

① 狄百瑞《佛教传统》,页68—70,202—203。
② 见《近思录》卷十三中包括的评注,朱熹有明显的赞同;茅星来《近思录集注》卷十三;陈荣捷所译《近思录》,页280—285。又见狄百瑞、陈荣捷与华生《中国传统典籍选编》,页477—478。
③ 见李弘祺《中国宋代政府的教育与考试》(香港:中文大学出版社,1985年,Lee, Thomas H. C. Government, Education and Examinations in sung China. Hong Kong:Chinese University Press,1985),页66—67,107—108,119—124,247—249。

用的减少以及文人士大夫越来越关心地方的而非国家的事务。这并非是学界精英放弃了中国复兴的一切希望,而是恢复北方的企图毫无进展,没有一个人似乎能够占据中心地位或自上而下地进行一场重大的改革。

因为政治的幻灭感造成了这些退缩的症候,所以一些文人士大夫洗手不干政治斗争,简单地把他们的烦恼都归咎于王安石和蔡京。另一些人的反应则是赞成以更强大、更实用或更功利主义的方法来组织并运用权力;还有些人在他们对尘世的雄心幻灭之后,就转而退入佛教。在这些被他认为是同样简单化的不同选择之中,朱熹追求着一条中间道路。

尽管对王安石的基本哲学和方法持批评态度,朱熹却不肯谴责王安石政治上的积极态度;在社会罪恶和人世困苦的面前,人类的良心不会容许一个人简单地"什么都不做"(无为)。确实,与朱(熹)通常多少是个清静派或保守派的形象正相反,他甚至激进得敢于断言:对祖宗法度和先例尊之为神圣不可侵犯,并不就应该被容许来妨碍基本的改革;反倒是,圣人的典范和原则代表了我们可以诉之于跨越祖宗法度的更高一级的法律。① 然而,朱(熹)本人在朝廷并没有做过什么官方的服务,这一点是真的;他在地方上却更活跃得多。他本人对改革的实际努力,倾向专注于他自己治下人民的具体问题——社区组织与合作活动、改进农业耕作的方法、救济灾荒与稳定谷价、地方学校的教育、司法管理,等等②——而不是王安石和蔡京所曾从事的那类大规模的全国规划。朱(熹)的方法是谨慎的,并基于对当地条件与习俗的透彻研究,但是他毫不迟疑地采取强而有力的主动措施,或坚决要求地方上的精英们为了共同的好处而做出牺牲。

---

① 朱熹《晦庵先生朱文公文集卷七·读两陈谏议遗墨》(东京:中文出版社,1977 年,Chu Hsi. *Hui-an hsien-sheng Chu Wen-kung wencbhi*. Kyoto: Chūbun shuppansha, 1977.) 70:9a,页 1279。
② 见狄百瑞《中国的自由传统》(香港:中文大学出版社,1983 年,*The Liberal Tradition in China*. Hong Kong: Chinese University Press, 1983),页 32—34。

在更为理论的层次上,朱(熹)把一方面是所谓的功利派、另一方面是佛教和道教,看成是相反的两个极端:一方是近视,另一方则玄虚而空洞。佛教和道教的要害,并非它们完全是出世的,而是它们并没有评价与明确解决人类问题的固定原则和标准,所以终于使自己通向机会主义并与罪恶达成致命的妥协。① 功利主义者的难点,也并非全然不同。尽管他们并不那么委身于佛家慈悲的那种放言高论的理想主义和泛滥无归的情操,但他们却缺乏基于对人性的一种深刻理解的一贯原则,而那才会使他们去判断就人而言什么才是真正实际的。若是没有这些原则,功利主义者越是接近于权力,他们被权力腐化的危险就越大。

于是,对朱(熹)来说,问题就成为我们怎样界定负有领导责任的人所应效力的人性和人道的价值。这就需要有一种教育,它将诉之于人性中最美好的部分,这时人性可以系统地得到滋育并训练得可以担负这类责任。朱(熹)本人青年时曾经受过禅宗的强烈吸引,并且甚而曾经有过一种神秘的经验。② 此外,他还很清楚,当时有另一些有知识而又敏感的人们,以及他的父辈和二程兄弟那一辈的人,也都同样入迷过。因而对他来说,首先需要的是深切而彻底地理解人类的动机以及人对自我是怎样的想法,而其方式则要考虑到佛教对这两者所提出的基本问题。

事实上,朱(熹)全部的学术著作和教导都是企图以最广泛的思路在最深的层次上并以最实际的方式来论述这个问题的。正如我在《中国的自由传统》一书中所解说过的,③他为了这个目的常常引用孔子的话:"学是为了自己的缘故,而不是为了别人的缘故。"〔"古之学者为己,今之学

---

① 黎靖德编《朱子语类》(台北:正中书局,1970,卷一二六:7b(页4830),10a(页4835),尤其是13a(页4841)。又见冈田武彦《朱熹学派中的实学》,载狄百瑞与依莱纳·布罗姆所编《理与实》(纽约:哥伦比亚大学出版社,1979年,Okada Takehiko, "Practical Learning in the Chu Hsi School"),页240—241。
② 朱子《文集卷一诗·久雨斋居诵经·杜门》,友枝龙太郎编订《朱子的思想形成》(东京:春秋社,1979年,'朱子の思想形成',Tomoeda Ryūtarō. *Shushi no shisō Keisei*, rev. ed. Tokyo: Shunjusha, 1979.),页21—24。
③ 见《中国的自由传统》,页21—24。

者为人。"(《论语·宪问第十四》第二十四章)]孔子这话是指,学习是要达到真正的自我理解,而并非只是要博得别人的垂青。朱熹挑选出这一对自我的肯定观点,作为是与佛教的观点——即自我是不真实的、佛性是不可说的——进行争论的一种方式。

我们知道在朱(熹)卷帙浩繁的著作中,他最重视的是他的《四书》集注和《近思录》。我们也知道后来的新儒家都追随着他,在教育课程中给予这些著作以最优先的地位,它们统治东亚的舞台直到19世纪的晚期为止。在《四书》中,《论语》和《孟子》本身早就是重要的,它们确实传达了古典时代所提出的儒家的基本教导。然而《大学》和《中庸》本来都是《礼记》中的一章,却被朱(熹)赋之以新的显赫地位。他几乎直到自己一生结束的时候,都在辛勤地对它们写简明的评述,力图达到最大限度的明白、准确和表述简捷。他审慎地使用哲学语言,然而写起来就像是要诉诸尽可能广泛的听众,而不只是学术的精英。此外,他为《大学》和《中庸》写了序言(这是他对《论语》和《孟子》所没有做过的事);凡是阅读这些基础教材的人,都会首先看到他的序文,因为它们就出现在大多数版本的卷首。假如有人想要学习近代以前东亚最有教养的人所面对着的基本思想库,就应该从这里开始。

值得注意的是,在朱(熹)的《大学》序里,他强调的第一点就是统治者有对人人提供教育的责任,而不仅仅是以传统的办法在家庭环境中做出个人的范例或教诲,而是特别要通过从都城到最小的乡村都建立起各种学校。在他看来,单单写下来某些思想和价值还是不够的;设立有形的学校教育体制这种手段也是至关重要的。而且,这些学校的教育应该奠基于《大学》的原则上,采用一套严格规定的步骤和逐步提高的学习方法,最终达到一种与禅宗的顿悟截然不同的觉悟。

朱(熹)一开始就主张教育应该有三项指导原则。用原文多少是有点古老的言语来说,其中的第一项就是"表现出光辉的德行"("明明德"),朱(熹)认为那意思是要阐明并表达每个人内在的道德性。第二项原则是"使人民更新"("新民"),那意思是指帮助别人培养和表现他们内在的善良性作为更新社会的基础。这里朱(熹)追随程颐把"亲"(爱、亲善)字换成了"新"(更新)字;他谈到"新"乃是要"改革旧的",不仅仅是表现对别人的友爱感情而已。第三项原则是"停止于最高的善"("止于至善")。那意思是指,在处理人事时要最直截了当地触及恰当的手段,既不过分,也无不及。然而,就自我修养而言,它的意思也可以是指通过充分发展并运用一个人的能力而达到自我实现。达到这一点,一个人已经做到满足自己的良心而不是追求超乎道德领域之外的觉悟,就可以满意了。

根据这三项主导原则,朱(熹)便进而讨论所谓"八个步骤"("八条目"即项目、规定),它们包括自我修养中各个连续的阶段,涉及指向治理国家与在世界上实现和平("治国、平天下")这一目标的一整套认识的和道德的活动。实际上,它是儒家君子的八重道路,可以通向世界和平,而与佛教通向涅槃的和平的八重高贵的道路("八正道")相对立。

朱(熹)教人特别注意自我修养过程的最初步骤:"格物致知",通常被说成是"调查事物和扩充知识"。他说"格"("调查")的意思是指达到或抵达,并且他指出这就是心灵中的原则得以和事物的原则相接触的过程,这样每一方就都被置于另一方之前。"知",他说就是认识或意识,把自己的认知过程投射出去,希望一个人的认识能力得到充分的运用〔实质上是"竭尽"("推极")〕。这同一段话也可以读作:把"知"翻译为"知识"(knowledge)而不是"认知过程"(knowing)。但在那种情况下,它不应该被理解为"一整套知识",因为这会给"竭尽"学习订下一个不可能的目标了。这样,一个人便不只是像他所希望的那样,充分发展自己的学习能力和理解,而是需要知道一切事物了。

朱(熹)对"格物致知"补充了一条特别的注释:

"扩充知识就在于调查事物"("致知在格物")的意思是指,如果我们希望扩充自己的知识,它就在于探索我们所接触到的任何事物或事情的原则,因为人的有智慧的心灵总是具有认知能力的,而世上的事物又都是有它们的原则的;假如有一种原则未被探索到,那么一个人的认知就没有充分得到运用。因此,《大学》开宗明义的教导就坚持学者在接触世上的事物时,必须从已知的原则下手,并进而发掘它们,直至达到极限为止。在自己长期的努力之后,终有一天他会经验到一次突破而达成整体的领悟。这时候,一切事物的性质,无论是内在的还是外在的、精密的还是粗糙的,就全都会被领悟;而心灵以其全部的实质和伟大的功能,就将充分得到觉悟。这就是'调查(过了)事物'。这就是认识已经达到了(它的极限)。①

"所谓致知在格物者,言欲致吾之知,在即物而穷其理也。盖人心之灵莫不有知,而天下之物莫不有理。惟于理有未穷,故其知有不尽也。是以《大学》始教,必使学者即凡天下之物,莫不因其已知之理而益穷之,以求至乎其极。至于用力之久,而一旦豁然贯通焉,则众物之表里精粗无不到,而吾心之全体大用无不明矣。此谓物格,此谓知之至也。"(《大学章句》)

在这段话里,朱熹似乎是在说,如果一个人足够长时间地从事研究和思考,他的理解就会被扩大到这样一点,即他克服了事物或别人乃是在他自己以外的任何感觉,而达到一种既完整而又综合(贯通)的移情式的洞见。他将会把自己的学习和认知能力发展到它的极限,从而对自己和对世界都同样地熟悉。达到了这一点,"为了自己而学习"就克服了人与己之间的一切区别。

在晚期的新儒学那里,对思想上和道德上的自我修养有一个顶点的这种整体主义的观念,被赋予了极大的重要性。后世有些学者把它看作是与禅宗的顿悟惊人相近的一种对觉悟的"经验";另有些学者则把它看成与朱熹哲学的整体是一贯的,把它解释成是一种确实并不只是单纯认

---

① 朱熹《大学章句》(台北:中国名著集成,1978年)卷六,页17—18。

识性的渐进过程,这一过程并未超出道德的和理性的秩序之外,然而它却有其自身的神秘性的一面。①

这一过程除了目的在于自我实现外,也还有助于朱(熹)的第二条指导原则。它在如下的意义上可以"使人民更新"("新民"),即自我修养作为自我约束的一种形式,要比任何形式的管制都更能服务于重新安排人类社会的目的。在这里朱(熹)的用语是"修己治人",即"修养自己并(因此而)整顿或治理别人"。②这一点最直截了当地适用于统治者或任何可能对旁人运用权力的人;但是中国的用语是太一般化了,以致可以提示它适用于一切人。在某种意义上,这句话相应于"修身治国",即"修养自己和治理国家",这是八条目或八步骤结合着个人与社会两方面的简略说法。但是朱(熹)的表达方式却是崭新的(朱熹之强调《大学》是追随程颐的,而程颐在他现存的著作中并没有用过它)。"整顿或治理别人"并不是简单地总括儒家八重道路的第二方面而已,它是要按朱(熹)对"新民"的解释来加以理解的;也就是说,一个人由于表现个人自己的道德性而帮助别人,也就是在更新着自己的道德性了。那想法是:社会只能通过个人的和集体的自我纪律才能加以治理,而且集体的自我改造乃是社会更新的手段。所以这个新公式就为后世的新儒家所看重并在朝鲜和日本以及中国广泛地被用来表达以个人的主动性、责任感和自我纪律为基础的那种政治哲学的要义——这一点是不足为奇的。③

朱(熹)的《中庸》序也同样重要,它大书特书朱(熹)在他的心灵哲学

---

① 这一点我在《新儒家的个人主义与整体主义》中探讨得更为充分,载唐纳德·孟旦所编《个人主义与整体主义:对儒家和道家价值的研究》(安·阿伯:密西根大学出版社,1985年,"Neo-Confucian Individualism and Holism." In *Individualism and Holism: Studies in Confucian and Taoist Values*, ed. Donald Munro. Ann Arbor: University of Michigan Press, 1985.),页351—358。
② 朱熹《大学章句》序,卷三(页6),卷十三(页32)。
③ 狄百瑞《中国的自由传统》,页28,37—40;马提那·杜希勒《修己以治人》,载《亚洲研究》(Deuchler, Martina. "Self-Cultivation for the Governance of Men." *Asiatische Studien* 34 (1980):9—39.)34(1980):页16。

中所希望做出的一项重要区分。那就是"道心"与"人心"的区分。道心是某种有似于良心的声音的东西,它代表"天"所植于人心之中作为人性中的善的那些正当的原则而发言;人心则代表人身上的种种欲望,它们除非是被天心所指导,否则就可能变成为自私而反对公共的善。① 朱熹并没有谈到人心本然就是恶,但是他以强调人心的弱点、不稳定性和错误——假如不使之服从经常的自我反省、改正和天心原则的坚强指导的话——而特别制衡着人性善的观点。

朱(熹)在《中庸》序里用以表达这一思想的语言,出自《书经》这部经典中其真确性颇为可疑的一段文字。朱(熹)虽则也感到这种可疑性,但仍然为了这一目的而引用了这些话——这一事实提示着,他认为这些话特别适合于表达他自己心目中的东西。② 据说圣王大禹有十六个字的中文是说:"人心是受到危及的,而道心又是精微的。必须使心灵有极度的精细和单一。要牢牢把握住中庸!"〔"人心惟危,道心惟微,惟精惟一,允执厥中。"(《书经·大禹谟》)〕朱(熹)在序言中进一步解释说:"'精细'是指分辨两种(倾向)而不使它们混淆。'单一'是指坚持原始心灵的正确性而不脱离它。"③〔"精则察夫二者之间而不杂也,一则守其本心之正而不离也。"《中庸章句·序》〕

这个公式在中国人那里被称为"心法",此词是朱(熹)得之于程颐的。④ 佛家、道家和宋代新儒家通常都使用它,尽管他们使用它时意思有所不同。对朱(熹)而言,它至少意味着三种东西:首先是历代圣王相传下来关于心灵控制对于统治者的重要性的一种信息;第二是道德训练的

---

① 朱熹《四书集注》中的《中庸章句》,(台北:中国子学名著集成,1978年)卷一至卷二(页37—40)。
② 见本杰明·爱尔曼《义理与考证:人心道心之争》,刊《通报》(Elman, Benjamin. "Philosophy (I-Ii) versus Philtology (K'ao-cheng): The *jen-hsin tao-hsin* Debate." *T'oung Pao* 69 (1983): 175—222.), 69(1983), 页175—222。
③ 《中庸章句》序,(页38)。
④ 《中庸章句》序,卷一(页45);四部备要本《二程全书·外书卷第十一·时氏本拾遗》。

一种方法；第三是判断人们的思想与行动的一种标准或尺度——可以说是"心灵的尺度"。它被理解为是统治术的一把钥匙，其重要性并不亚于它可以用来作为任何一个人检验良心的方法。新儒家对于这一目的使用过各种不同类型的办法，最为常见的两种是静坐和保持每天都记录下一个人的自我检查。前一种显然有似于禅宗的坐禅，而后一种则是道教、佛教和三教合一论都有的一种流行的宗教实践。虽然新儒家之强调道德是与禅宗的实践相对立的，但毫无疑问，这里在实践上以及在学说上，都可以感到佛家精神性的影响，它加强了把各种向心力都收敛于自我而成为新儒家思想的主要支柱。

礼是朱熹另一个主要关心的题目。他曾希望对古代的礼仪进行一番彻底的研究，并制订一种简化的、更廉价的家礼。他承认要遵守为古代周朝贵族所设计的那套古典礼仪，是超出宋代普通人和像他那样的穷学者的财力之外的。然而，就他这方面的努力而言，朱(熹)最终只是拿出来简短的《朱子家礼》和《小学》，它们大部分是由别人编纂的。因而，即使在理论上我们可以说，朱(熹)对礼也像古典的儒家那样赋予了同等的重要性，但在实际上——除非我们把他有关乡约、义仓等等的著作都算入"礼"的古典概念范围之内——他的精力大部分都放在"为了自己而学习"上。从《礼记》中他只抽出了最直接谈到这个问题的很短的两章收入《四书》之内。①

由于《四书》及朱注与序在13世纪变成了儒家学说的核心教程，尽管就在朱熹去世前后他和他的弟子受到官方迫害，但这些思想和实践仍然以其本身思想上和道德上的优点而传播开来。朱(熹)的教导由一种完全清晰的形而上学的体系在支撑着——关于这一点我在这里几乎还没有谈到——这无疑使它们投合居于领导地位的学者们。不过对于新

---

① 这一抽取过程早在宋代朱熹的前驱者即已开始，但朱熹赋之以权威的肯定。见我的《道学与心学》(纽约：哥伦比亚大学出版社，1981年，*Neo-Confucian Orthodoxy and the Learning of the Mind and Heart*. New York: Columbia University Press, 1981.)，页91—92。

儒学的惊人进步来说,这一点或许还不如另一事实来得更为重要,即朱(熹)曾经是如此之专注于基本的学习方法以及系统地编辑了适合各个层次的教育用书。在这方面,他反映了当时的两大历史发展:利用印刷术来传递思想和通过使用印刷术来扩大教育。作为新儒学的发言人,他成功地使得自己的著作既联系到他的时代又可以被他的时代所利用,这反映了中国社会发展中一个更为复杂的新阶段的学习要求。禅宗是忠于它那强加之于自我的限制的,所以就不大可能致身于这样一桩事业。

然而从另一方面来看,朱(熹)之一贯注意教育的需要有很大一部分是实现了早期宋代的改革家们的目的,即提供教育作为使得普通人戒绝他们之醉心于佛教或宗教性的道教的一种办法。而且,朱(熹)之强调要对普通人提供教育的需要,也可以看作是他对《坛经》所赞美的平等理想的反应。就宗教是诉诸人民的基本期望和动机而言,这便创造了一种新的民间意识。于是我们可以设想,佛教在民间层次上的挑战就激发了来自新儒家的反应,并间接地成为这种进步在教育上的一个有贡献的因素。

我前面已经说过,儒家主要是学者、教师和自己家乡地区的领袖,而不是劝人改变宗教信仰的传教士。因此说来很有讽刺性,把儒家的文字传到海外的乃是要靠历史上的偶然事件和战争与征服的搅扰。蒙古征服者于公元1235年①俘获了儒家学者赵复,把他送到北京,安置在都城的一座学院②里,从这里新儒家的教导就在北方传播开来。后来朝鲜的王子们被蒙古人留在北京作人质,他们在那里学习了新儒学,后来又把它带回了朝鲜;它在朝鲜很快就成为一股文化上和政治上的强大力量。最早把这种新哲学带到镰仓(Kamakura)时期的日本的,则是日本的禅

---

① 南宋理宗端平二年。——译者注
② 即燕京(今北京)太极书院。——译者注

宗和尚,即那些作为朝香客到中国来的园仁大师的后继者们。在丰臣秀吉①侵入他们国土时作为被囚战俘的朝鲜学者们以及从满族征服下逃亡而移居日本的明朝学者朱之瑜②,就完成了把它转移到日本的过程。

新儒学往往被看作主要是对中国传统的重新肯定,以反对外来的影响。这种观点并不全错,但蒙古的征服者采用了朱熹注的《四书》,起初是作为教育体系的基础,然后在忽必烈治下长期争论未决之后终于在公元1313—1315年③采用它来改革文官制度的考试,这时它显然并不是重新肯定纯粹的中国价值,而不如说是要认可普遍的价值了。我在《道学与心学》一书中讨论过了这一点所由以实现的过程;它更进一步扩展到朝鲜的过程,我将在《道学在朝鲜的兴起》一书中加以论述。④

关于朝鲜人对新儒家思想与体制的发展所做的令人难忘的贡献,这里不可能多谈。只要给它以应有的重视,朝鲜就会被人承认是新儒学史上和东亚文明史上最生动活泼的一个因素。虽然赖绍华很早以前就体会到这一点,我们却未能从教育方面充分跟上他的贡献。然而我并无意强调朝鲜人采纳新儒学作为一套完整的生活方式以及他们彻底采纳朱熹所提出的种种社会体制和社会实践时那种严肃认真、全心全意的态度——那远远超出了中国人自己所曾做过的任何事。

为了认识这种对东亚文明的概观,就必须指出几个与朝鲜有关的关键之点。首先,虽然新儒学在朝鲜对佛教做出的反作用要比它在中国做出的甚至更为强烈,但是佛教在此前时期的流行却必须看作是朝鲜接受新儒学的一个重要的制约因素。朝鲜建立起佛教,在许多方面,在观念

---

① 丰臣秀吉(Hideyoshi,1536—1598):日本战国末期统一全国的封建领主。1592年和1596年两度侵略朝鲜,均失败。——译者注
② 朱之瑜(1600—1682):即朱舜水。——译者注
③ 即元仁宗皇庆二年至延祐二年。——译者注
④ 见狄百瑞《道学与心学》,页129,189,211;以及狄百瑞与金子贤《道学在朝鲜的兴起》(纽约:哥伦比亚大学出版社,1985年,de Bary, W. T., and Ja-Hyun Kim Haboush, eds. *The Rise of Neo-Confucianism in Korea*. New York: Columbia University Press, 1985.)。

上以及在精神上,都和佛教在中国的建立相同。其次,新儒学终究是作为一种新的教规而出现的,而朝鲜人对它的反应则带着宗教皈依的许多表现。第三,它在有教育修养的朝鲜人中间被接受首先是作为一套学问、伦理规范和精神形式,然后才被确认为一种国家的道统或意识形态。甚至在它正式被采纳之后,它仍继续作为一种创造性的文化力量而不是单纯地作为一种官定的礼仪常规在起作用。要说明这一点,我们可以用朝鲜的字母为例,那是人类所曾发明的最巧妙的书写体系之一(并且它特别适宜于作为一个例子,因为赖绍华曾参与设计它那通用的书写体系)。这种本土语言的字母,在其合理的结构、方法的经济和功能的效率等各方面,都独立于中国的学术之外,它表明了新儒家的原理哲学是怎样参与了世俗学术的新形式——正如颁布它时附带的解说中所证实了的那样。① 同样地在日本的情况中,新儒学以其对万物所固有的原则之合理的基层结构的信仰,就为新形式的世俗学术的发展提供了一种理论基础。② 我这里想到的是新形式的"实学"(jitsugaku),它是随着新儒学的传播而出现的,而其早期的一个很好的例子便是贝原益轩③。

对这些新发展,佛教徒在日本也像在东亚其他地方一样,很少有或根本就没有什么抗拒;对他们来说,理性的学问和俗世的道德对灵魂得救都是无关紧要的领域。这些东西一点都不受禅宗或净土宗教义的争议,禅宗或净土宗追随着直觉的、审美的和感情的路径通向佛性,而对思想的或道德的手段根本是中立的,只要它们不妨碍通向"彼岸"的道路。

在朝鲜,朱熹的基本教材,尤其是他对《四书》的评注,被采用作为官

---

① 见加里·里狄阿德《1446年朝鲜的文字改革:其起源、背景与朝文字母的早期历史》(安·阿伯:密西根大学(缩微胶片),1966年,Ledyard, Gari K. *The Korean Language Reform of 1446: The Origin, Background and Early History of the Korean Alphabet*. Ann Arbor: University Microfilms,1966.),页151—165,221—260。
② 见狄百瑞与布鲁姆《理与实》(de Bary, W. T., and Irene Bloom, eds. *Principle and Practicality*. New York:Columbia University Press,1979.),特别是页19—29,257—290。
③ 贝原益轩(Kaibara Ekken,1630—1714):日本江户前期的儒家、教育家。——译者注

方教育和文官考试制度的核心,严密模仿着蒙古人以及后来明朝的做法。由于我在下一章中将要更多地谈到的原因,公共教育的体制在朝鲜趋于解体,正如在中国所发生的那样;但是新儒学的核心课程在许多独立的地方学院里,继续在起着作用。我们不能说这与考试的正统性无关,然而我们也不能否认新儒学作为一种思想体系和道德力量,具有其自身的吸引力。从日本的经验来看,这一点就变得越发有意义了。德川(Tokugawa)时期并没有采用中国或朝鲜类型的文官制度,那时没有考试制度,也没有维持一种全国性的公共教育体系。然而在其性质大抵是自治的和私立或地方的日本学校里,最常见的作为初等和中等教育的基本教材的,就是朱熹的著作。换句话说,在前近代的东亚,它们是用来作为教育的公分母的,东亚的各个部分都共享着一种类似的思想和道德形态的过程。

这种形态,我不能过分频繁地加以强调,它是一种生活取向更有甚于是一种世界取向。它以自我为中心,并以那种以中庸为中心的自我为中心。品格形态有着头等的优先地位,而使天下太平——尽管它是终极的目的——则被看作是除非通过自我纪律就不可能达到。由于被《四书》所灌输的这种人生取向,也由于《四书》被确定为整个东亚的基本教材,于是大家便有一种对以人为中心的共同展望(outlook)——或者更好是说共同内省(inlook)——而非一种对整个世界的展望。从文化上说,这可能不免使东亚各个民族各有一种不同的自我感,甚至于还无法排除某种种族中心主义(假如不说是民族主义的话)。这一点可以由山崎闇斋①的情形来说明,他作为一个真正的儒家曾说过,假如孔子和孟子来进攻日本的话,他会把他们从海边打走;或者是由山鹿素行②的情况来说明,他宣称日本的统治皇族乃是真正的"中朝"(中央王朝),从而就以儒

---

① 山崎闇斋(Yamazaki Ansai,1618—1682):日本江户前期的儒学家、神道家。——译者注
② 山鹿素行(Yamaga Sokō,1622—1685):日本江户前期的兵学家。——译者注

家的词句肯定了日本对实力上更大得多和地理上更为中央的"中国"(中央王国)在道德上的优越性;或者由朝鲜人的情形来说明,他们认为自己比中国人优越,因为他们更忠实于新儒学的道统。① 然而如果我们把这种内省单纯说成是种族中心主义,我们就错过要害了;因为中国人的优越感乃是伦理的和文化的,更有甚于是种族的,而一个真正种族中心的中国人,比如王夫之,甚至很难有机会被人听到。

在结束本章以前,我愿意回到明代和清代的中国,来为新儒学道统尔后的发展作一番总结性的论述。前面谈到,在朱熹对《中庸》的解说中,他强调心(mind-and-heart)的中心地位,而道心尤其是原则(理,principle)在人性中的体现。从此,他的教导在宋代晚期、元代和明代就既以"原理之学"(理学)又以心灵-心性之学(心学)而闻名。然后在16世纪,王阳明对于心提出了一种新解释,强调它本质上更其是直觉的和感应的而非知识的性质。王(阳明)的教导被证明是极其有号召力的,而且确实广为流传。王(阳明)本人以及陆象山(王阳明引起了对他重新注意)在那同一世纪里都被官方封为圣人而供入了孔庙(我可以补充说,这使朝鲜忠于朱熹的新儒家大为反感,他们的结论是中国人已经丧心病狂了)。这是一个动人的例子,可以说明官方的正统在道德和文化的氛围中可以怎样地倾向于变化多端。

这场令人瞩目的发展,有三个后果是应该提到的。一是新的教导实际上取得了心灵-心性之"学"或"学派"(心学)的名称,自命为早期教导的真正合法的继承人。二是朱熹心灵之学的一些保卫者驳斥这种新说法,谴责王(阳明)为非正统并重新肯定朱熹的教导才是真正权威的心灵-心性之学。另有人无心再捡起那面大旗,就置之于不顾而赞成把朱

---

① 见马提那·杜希勒《弃误与扬直:对于朝鲜李朝早期的异端思想的态度》,载狄百瑞与金子贤编《道学在朝鲜的兴起》(纽约:哥伦比亚大学出版社,1985年,"Reject the False and Uphold the Straight: Attitudes towards Heterodox Thought in Early Yi Korea." In *The Rise of Neo-Confucianism in Korea*, ed. W. T. de Bary and Ja-Hyun Kim Haboush. New York: Columbia University Press, 1985.),页;400—404。

熹的拥护者团结在"原理之学"(理学)的旗帜下。然而在17世纪,到了明王朝亡覆之后,对王学的反动(即,它是主观主义的、"佛教的"、反知识的和不道德的)又添上了这一罪状,即他那异端观点推翻了客观学问、公共道德和国家政体,所以要对明王朝的崩溃负责。

就眼前的目的而言,这样说就够了:新儒家的学问,包括正统的程朱教条,继续包括"原理之学"(理学)和"心灵-心性之学"(心学)这两者在内,下迄19世纪。前者提倡学术研究和客观探讨,后者提倡道德和精神的修养。作为一种长期趋势,在考据研究与复杂性日益增长的专门化的、技术性的研究方面,出现了长足的进展,许多考据性的学术研究领域都有令人印象极深的成果——这足以证明中国人的心灵并不曾简单地被新儒家的心灵控制所麻醉。然而这种深入的研究仍然集中在一种向内看的政治文化这一中心的关注上,哪怕焦点不是集中在朝廷本身而是集中在从属层次的区域、地点、家庭和自我上。事实是学问极大地扩展了,但这也只提出于许多新的综合问题;它并没有开辟新的视野。①

大家都已熟知,满族重新确定了把已经确立的朱熹教程作为官方教育和考试的基础。伟大的康熙皇帝(公元1661—1722年在位)对朱熹的教导有着强烈的个人兴趣并促进了它。陆陇其(公元1630—1692年)②做了推行这项政策的最出类拔萃的皇家顾问。大家不大知道的是,康熙采取了历代中国统治者的典型姿态,在思想和宗教问题上宣称一种宽仁的不偏不倚,避免一种硬性的思想意识的路线,并且还接受了新儒家要尽力缩小朱熹和王阳明之间的分歧的观点。汤斌(公元1627—1687年)

---

① 对这种倾向的一个极好的说明见司徒琳《黄宗羲清初遗惠的再考察》,载《大亚细亚》(Struve, Lynn. "The Early Ch'ing Legacy of Huang Tsung-hsi: A Reexamination." *Asia Major*, 3rd series), vol.1(Fall 1987.)。它表明由王阳明至黄宗羲和全祖望的思想线索所产生的、即使是相对独立的学术是怎样演变的。又见,本杰明·爱尔曼《从哲学到语言学》(麻省,坎布里奇:哈佛大学出版社,1984年,*From Philosophy to Philology*. Cambridge, Mass.: Harvard University Press,1984.),页231—247,254。
② 本书原文将陆陇其卒年误作1693年。——译者注

在康熙朝廷这一和解的、综合的倾向中是有代表性的。尽管有着大度的意愿和宽容的宣言,紧张局势却仍然继续下去。康熙死后,发生了继位斗争,雍正皇帝实际上是个篡位者①,所以很可以理解他是十分焦虑的,惟恐正统性和合法性被解释得对他不利。他把宽容的观点推展到了极限。事实上,他个人非常沉溺于禅宗。

雍正在位的半途,公元1728—1729年爆发了一场反皇朝的叛乱②。它虽然很快就被扑灭了,但它的领袖供认曾受到吕留良(公元1629—1683年)反皇朝观点的鼓励。吕留良曾经是复兴朱熹的宣扬者并对上面提到的陆陇其有重大的影响,他本人在清初被人尊为严格朱熹正宗的一座灯塔。在这个时候,皇帝惩处了已死去多年的吕留良,而且加以彻底的报复。他的遗骸被挖出来,任人污辱,他家中活下来的人受到惩罚,他的著作被禁止,而陆陇其作品中大量对吕揄扬的段落都被删掉。皇帝并没有那么沉沦于参禅之中,竟致会失掉如此一个在这桩正统的反对派事件上一显身手的机会。

我暂时给读者留下这幅讽刺而不调和的画面,即动员国家工具以残酷无情的效率来根除这位清代正统朱熹的捍卫者的任何残余。这就应该使那些人停下来想一想了,他们以坚如磐石的词句来看待清代的意识形态和镇压行为,并以对新儒家和清代国家二者之被认同为一体来作为解说中国抵制现代化的一项根本假设。在下一章中除了其他问题而外,我将试图把这个问题放在恰当的配景之中。

---

① 按雍正是否篡位,迄今中国史学界尚无定论。——译者注
② 指曾静案。——译者注

第四章 东亚的近代转化

如果关于东亚的近代化能够确有把握谈些什么东西的话,那便是我们对这一过程的看法一直是在不断改变着的。前言中,我提到了几十年之前的习惯看法,即中国的近代始于1840年的鸦片战争,而日本则始于1853年柏利①的到来。如果许多中国人仍然认为中国之进入近代主要是以与西方的冲突为标志,这是因为鸦片战争仍然在他们的心灵中回响着那场遭遇的第一枪。以一种更为广阔的时间框架来观察近代化的问题,而且鉴于1840与1853这两个年代似乎远远不是划时代的,近年来中国境外的学者的研究已经发现,东亚对于西方的反应有着更加复杂的长期的因素在起作用。

对每一方来说都没有变化的或许就是这一共同的假设,即关键的问题乃是东亚文明会对西方做出什么反应,而不是西方对东亚文明做出什么反应。即使是在近代化并没有被简单地等同于西方化的地方,西方的进步也奠定了典范和步骤。于是在这个基础上,问题就假设了不同的比较形式。中国和日本对这一挑战的反应是如此之不同,这意味着什么?

---

① 柏利(Mathew Perry,1794—1858):美国的海军将军。——译者注

68 为什么中国是如此缓慢,而那样一个如此光辉地率先进入了13和14世纪的文明,却会从此之后就远远落后于西方,而且在追赶时还面临着如此之多的问题,这又是怎么一回事?所有这些问题都隐含着一个观点,即东亚必须赶上西方。为什么这个问题从来没有反过来问:为什么西方没有能和东亚文明的进步相一致呢?

一个回答很明显,"进步"本身乃是一个西方的概念,而且不管东亚的成就如何,这一问题都不可能对任何一个并不分享这一人所熟知的假定(即西方的进步性及其毫无疑义的优越性)的人以这些词句出现。但以稍加改变的语言(在这种情形下,即标准的东亚道学语言)却可以问道:为什么西方没有能够符合东亚儒家的文明行为呢?为什么它不能打扫自己的后院并呆在家中——像中国、日本和朝鲜所做的那样——以一种成熟的、负责任的方式来行事,而不是在世界上追逐使得别人不安宁呢?

这一问题这样被提了出来,很可以使读者联想到林则徐关于鸦片贸易于1839年致维多利亚女王的著名信件,即便那些不接受信件中所反映的皇帝的声明和要求的人,也仍然能够感受到林则徐在开篇几行中的道德论证的力量:

69 洪惟我大皇帝抚绥中外,一视同仁,利则与天下公之,害则为天下去之,盖以天地之心为心也。① 观历次进贡表文云:"凡本国人到中国贸易,均蒙大皇帝一体公平恩待"等语。② 唯是通商已久,众夷良莠不齐,遂有夹带鸦片、诱惑华民,以致毒流各省者。似此但知利己,不顾害人,乃天理所不容,人情所共愤。……

查该国距内地六七万里,而夷船争夹贸易者,为获利之厚故耳。以中国之利利外夷,是夷人所获之厚利,皆从华民分去,岂有反以毒

---

① 引文略"贵国王累世相传,皆称恭顺,"——译者注
② 引文略"窃喜贵国王深明大义,感激天恩,是以天朝柔远绥怀,倍加优礼,贸易之利垂二百年,该国所由以富庶称者,赖有此也。"——译者注

物害华民之理。即夷人未必有心为害,而贪利之极,不顾害人,试问天良安在?①

林则徐在信件开头所讲的"天地之心",我们认为就是道家的道心,即对于公益的大公无私的关注,根据朱熹的说法,它应当指导并统御生来就是利己的、而潜在地则是自私的各种人心的趋向。我们也回想到,这两者之间的差别对于道学家的自我修养以及作为一切人事管理的关键的自我控制学说乃是带有根本性的。它并不把所有的贸易都当作本然的自私来排除(与那些把道学家的无私教导当作是否认个人有任何追求幸福之权的人们正相反)。正如林则徐所陈述的那种情形,这种观点也并不是在使用无私的论点来武断地否认任何被视为威胁到国家对经济进行控制的活动。林则徐简单地重新肯定了传统的公平性学说,所依据的则是儒家的互利或分享利益的原则。而既然这一互利的思想被认为不只是西方的黄金法则而且也是国家之间的基本原则,林则徐是不是就有资格去问维多利亚女王(正如他在这段话末尾所引述的):"天良安在?"

如果对这一点再没有什么疑问的话,人们便可能轻易地认可林则徐和儒家的道德论点。不过,从世界历史的角度来看,人们会看到超出自由或公平贸易或甚至是力量关系条件之外的较大的力量在起作用。这不亚于一场东亚与西方之间的历史相遇:束缚在土地上的农业中国专心致力于土壤的精耕细作、人的自我修养以及社会的内部控制,与历史上扩张性的西方相斗争,而西方的根基和成长模式则是建立在全然不同的环境之中的。经济上,西方的根基在于地中海与西欧的海上经营,军事

---

① 引自邓嗣禹与费正清《中国对西方的反应:1839—1923 年资料概观》(麻省,坎布里奇:哈佛大学出版社,1954 年,Teng, S. Y., and J. K. Fairbank. *China's Response to the West: A Documentary Survey*, 1839—1923. Cambridge, Mass.: Harvard University Press, 1954.),页 24—25。(《林则徐集·公牍·拟颁发檄谕英国国王稿》中华书局,1985 年,页 125。——中译者注)

上在于诺曼人的征服,而精神上则在于闪族宗教预言的千年福王国的观点——不管是《旧约》中依据的立约与出埃及原始神话的观点,他们离开埃及的束缚去寻找仍在这个世界上的一片被允诺的土地,还是《新约》中依据耶稣"去向万邦传教"的命令。如果18世纪和19世纪西方帝国主义的宗教从来就与贸易相互混杂,也从来都由军事力量加以协助,那么这三者便会深深地渗透一种使命感并被一种动力所驱使,那迟早会把它们带入东亚。外向型的西方受驱遣要冲破一切限制并超过它们以达到人类历史的天意顶点,他们注定了要前进并决意要突入以异常之不同的假定在运作着的东亚来。东亚接受了它的委任令(即上天的诫命),恰好是作为极限而加以接受的——即承认局限着一切人类行为的种种条件和应该是左右着一切权力运用以及土地开发的种种限制。我认识到,东西方的总体比较,像是对一切"不可避免性"的肯定一样,是注定要失败的;但这里在我看来,我们乃是一种几乎无可抵御的力量遇到了一桩差不多是不可移动的物体的见证人,而其冲撞只能是爆炸性的。

　　林则徐用他自己的话来说,当然是正确的,而且案例也可能是有利于他的正确感的,但这并非是中国人单纯的得意与自满,倒不如说是表明他们深切的信念——林则徐的情况,是以牺牲为代价而坚持信念,那既是对他个人的、也是对中国的,如果它能够得以实现的话。在这一点上,林则徐没有任何理由或根据去怀疑中国观点的正确性。确实,他为什么要怀疑他自己的王朝已经和别的王朝一样或者超过了别的王朝,适应了它那道德命令的要求呢?清朝维持中国和平近两个世纪。它并没有明显地逾越传统的外部疆界,但是它却向比他或其他任何人所知的任何其他国家实际上都更为众多的人口提供了支持。在制度上它达到了成熟与稳定,而且在文化上达到了精致,那是没有别的国家能够比拟的。况且,在它的四邻它看不到任何能向这些论断挑战的东西。朝鲜的李朝接受了同样道学的自律哲学作为统治他人的基础——"修己以治人"——将近500年保持了和平,增进了繁荣,并提高了人民的文化。日本在消除了早期丰臣秀吉(Hideyoshi)①控制东亚的野心后,学会了接受自己的疆界,并在德川将军(Tokugawa)②治理之下集中力量维持内部的和平与繁荣。这是一项产生了两个半世纪免于国外战争和国内严重骚乱(比如13—16世纪的那些骚乱)的政策——以朝鲜之外的任何标准来看,这都是一项可观的成绩。

有些人无疑会以一种更少理想主义的词句来看待17和18世纪东亚孤立的这一阶段,那更多的是对西方势力进入东亚水域更为防御性的一种反应,更多的是被排外情绪而不是被任何对和平的爱好所激励,或者更多的是由害怕激进的、甚至潜在地具有颠覆性的基督教所左右。无疑也还有其他许许多多可行的想法,参与了实际的决策制定。我承认各种因素的多样性,而且我不希望对这件事提出一种单一原因的见解;在任何情况下,我都不认为这几项因素是互相排斥的。但是我确实看到有一种流行的道学家观点——或者更正确地说,是内观——把世界看作是以一种顽强的内部直接性为其特色,一种向内部去观察那些中心的和主要的东西,而不是向外部去观察那些边缘的和次要的东西的倾向。如果对于西方,这似乎是对其余世界一种高傲的漠不关心或者是一种鸵鸟式的孤立主义;那么对于道学家,它只是给予了解决内部问题以及满足基本人生的需要以超乎关怀人民难以预测的利益的外在冒险之上的合法优先权。它是建立在道学家主要的有机比喻之上的一种道德的和政治的态度;这是树木生命基础的根和干与只有根得到很好的培育才能够繁荣起来的枝叶之间的区别。

这一点并没有使如下的立场失效,或者暴露出仅仅是一个借口,即皇帝及其小圈子常常从事于计划与经营——军事的、商业的甚至审美的——只不过是要满足他们个人的喜好、威力和特权罢了。指摘这类自

---

① 丰臣秀吉(1536—1598):日本战国末期统一全国的领主。——译者注
② 德川将军(1542—1616):日本江户幕府的第一代将军。——译者注

我放纵并提醒统治者所应具有的主要责任,仍然是有良心的儒臣的一种职责。

这一切早在任何西方的威胁出现之前便显示了出来,蒙古人恰好是在1284—1320年间重新建立起中国传统的王朝体制并采纳道学作为元朝的官方教义时,颠倒了他们更为开放的国际政策以及自由贸易。① 这一点很快见之于明朝在夏原吉(1366—1430,——译者注)这类儒臣的建议下,把郑和从壮观的海外航行中拉了回来;他们的财政能力使得这些航行成为可能,但是他们内心的优先感却迫使其号召停止代价高昂的海洋冒险。② 他们提高了王权的威望并且扩大了皇室的府库,但只是以人民及其急需的公共工程为代价,而冒着不能在境内边界对蒙古人进行适当防御的危险。在15和16世纪的朝鲜,同样的世界观被转变成加强文职政府并促进人文学术的政策,而以牺牲军事准备为代价(这就在很大程度上可以解释他们之所以无力抵御丰臣秀吉的原因)。这进一步反映了德川将军巩固自己的内部控制并建立一个自我中心的、集中控制的对外政策③,而不是追求丰臣秀吉的那些冒险政策。这些决策都是首先并不考虑西方威胁的长期抉择,而尤其是在其实践者所能看到的范围内被证明是有效的政策。

但是在这一历史关头,他们究竟能够看多远便成了一个迫切的问题。对于这种历史局势,古典哲学家庄子有一个很好的比喻:荆棘中的学鸠无法想像高空翱翔的鹏所见到的东西,或者一个井底之蛙对更大的

---

① 见马克·埃尔文《中国过去的模式》(斯坦福:斯坦福大学出版社,1973年。Elvin, Mark. *The Pattern of the Chinese Past*. Stanford: Stanford University Press, 1973.),页215—221;狄百瑞《道学与心学》,页24—27, 36—60;陈荣捷与狄百瑞《元代思想》,页2—4。
② 见傅路德与房兆楹所编《明代名人传》(纽约:哥伦比亚大学出版社,1976年,Goodrich, L. C., and C. Fang, eds. *Dictionary of Ming Biography*. New York: Columbia University Press, 1976.),页197;又王赓武对夏原吉的描述,页532—533。
③ 见罗纳德·托比《近代早期日本的国家与外交》(普林斯顿:普林斯顿大学出版社,1984年,Toby, Ronald P. *State and Diplomacy in Early Modern Japan*. Princeton: Princeton University Press, 1984.),页46—64, 80—81, 96, 170—173, 244—246。

世界是什么样子毫无观念。① 庄子不是一个急于下道德判断的人。他可能看出了每一种见解都与该物种的自然感觉相适应。况且,假如说一个人没有能认识到每个物种在它的自然环境中什么是自然的或者是适当的东西,他却对可能发生的事有一种敏锐的意识。他讲述了一个人类行善所带来的致命结局的比喻,这与西方人想把文明的福祉带给东亚的情形并不是没有某些关联。下面就是有关三位海神的寓言:

> 南海的神叫作'急性',北海的神叫作'冲动',中央世界的神叫作'原始整体'(浑沌)。'急性'和'冲动'时时在'原始整体'的领域里会晤,后者待他们很好。于是'急性'和'冲动'在一起商量他们怎样来报答他的好意。他们说:'人人身上都有七个窍,用以看、听、吃和呼吸。我们的朋友却一个也没有。让我们试着给他凿几个窍。'他们每天凿一个窍。到了第七天,'原始整体'就死了。

> "南海之帝为儵,北海之帝为忽,中央之帝为浑沌。儵与忽时相与遇于浑沌之地,浑沌待之甚善。儵与忽谋报浑沌之德,曰:'人皆有七窍,以视听食息,此独无有,尝试凿之。'日凿一窍,七日而浑沌死。"②

今天仍然有待于观察,是否西方对东亚的干涉(尽管有我们良好的意图)会具有相似的致命结局。现在已有相当一段时间我们一直(为石油、为核废料、为地下核爆炸等等)在整个大地上钻洞,而且到了第七天,并不是像上帝在《创世纪》第一章所说的去休息,并不是去好好地要看到我们所做的一切都好,而是我们可能与儵和忽一样随着地球一起毁灭。

---

① 见布顿·华生译《庄子全集》(纽约:哥伦比亚大学出版社,1968 年, *The Complete Works of Chuang Tzu*. New York: Columbia University Press, 1968.),页 30—31(即《庄子集解卷一·逍遥游第一》——中译者注)。
② 王先谦《庄子集解卷二·应帝王第七》第四十九章(上海:商务印书馆,国学基本丛书),译文采自修中诚《中国古典时期的哲学》(伦敦:邓特,1942 年, Hughes, E. R. *Chinese Philosophy in Classical Times*. London: Dent, 1942.),页 199。

但是现在我把这些猜想暂且放置一边,再回到庄子原来寓言的实际要害上来:在实际中和隐喻中遥远翱翔的鹏都使它超过了小斑鸠和井底之蛙。

林则徐并没有给维多利亚女王一个教训,自己却得到了一个教训:仅仅在广东前哨所发生的事便对中国人日后将要生存于其中的那种世界具有深远的涵义。朝着中央定向,在政治上和军事上已不再足够了;中国人,尤其是他们的领导人,将不得不史无前例地要进入外面的世界。林则徐对这种新需要的警觉性被记载了下来①,而他的秘书魏源以编写《海国图志》而进一步强调了这一点。但是因为林则徐带来的麻烦,使他在国内遭到流放,陷入了难以应付的中国官僚体制的罗网之中,而无力实现任何变化。就魏源来说,他没有机会出国,就只能局限于通过阅读书籍和报道他人所讲的有关外面大世界的那类第二手的游记②。

正如人们所知道的,日本人对于这同一种挑战的反应却大为不同。在柏利到达日本的 15 年之内,日本人由最初的防御姿态——这与中国人没有什么不同——而转入一种动态的、外向的政策,它要把日本迅速引向西方的近代世界。这一过程在每一个方面都是革命性的——除开它并没有强烈地打乱国家的生活外,发动了一场对于协商行动的举国一致的同意——这已经受到了广泛的研究和报道。③ 我在这里仅限于引征这场变动的两位代表人物(他们可以与中国的情形进行意味深长的比

---

① 邓嗣禹与费正清《中国对西方的反应》,页 24—27;狄百瑞、陈荣捷与华生《中国传统典籍选编》,页 666—668。
② 邓嗣禹与费正清《中国对西方的反应》,页 28—36;狄百瑞、陈荣捷与华生《中国传统典籍选编》,页 672—679。
③ 在许多可引用的书中,有一本特别是论述从"攘夷"(joi)的态度到"开国"(kaikoku)政策的过渡,即康拉德·托特曼的《从锁国(Sakoku)到开国(kaikoku):1853—1868 年外交政策态度的转变》,载《日本志》35(1980):页 1—20。(Totman, Conrad. "From Sakoku to Kaikoku: The Transformation of Foreign Policy Attitudes, 1853—1868." *Monumenta Nipponica* 35 (1980):1—20.)

较),即吉田松阴(Yoshida Shōin,1830—1859)①和明治天皇(Emperor Meiji,1868—1912年在位)②③。

吉田松阴这位试图偷乘柏利的一艘船去西方学习第一手有关西方知识的年轻武士,因此违反了锁国法而被监禁,后来因为他反对德川将军的革命行动成了殉道者。对于整个新的一代,他是一个英雄,而且他的自我牺牲点燃了日本的新领袖们(许多都是他的追随者)的想像力的火花。作为新日本的神话形象,吉田松阴显示了与我们在林则徐和魏源身上所见到的相对立的若干倾向。首先,吉田松阴的父亲是一位军事教官,而且吉田本人继承了17世纪的儒学武士山鹿素行(Yamaga Sokō)④的武士道传统,这是与林、魏的文职政府和古典学术训练截然对立的传统。第二,吉田松阴深受德川幕府时代晚期道学和本土运动二者融合而兴起的民族思想意识的熏陶。第三,他出自一个混合了农民-武士-学者背景的贫困家庭,强烈地认同于本乡本土的农民并且怀有一种深深的憎恨,反对那些在他看来是日本德川幕府衰朽的贵族统治。第四,吉田松阴在日本西部的小村塾作教师,代表着一种广泛的地方教育过程——它把道学家《四书》的基本思想和道德的构成与日本本土的宗教感情一起传播开来。⑤ 荻生徂徕(Ogyū sonai)⑥的影响曾被丸山真男(Maruyama Masao)强调是一种近代化的力量,到了吉田松阴接受他自己在朱熹研究的立场并追随着19世纪早期那些教义的普遍复活的时候,它已经在吉

---

① 吉田松阴:日本幕府末期的勤王派思想家和教育家。——译者注
② 明治天皇:日本明治维新时的天皇。原文在位未年误为1911年,今改正。——译者注
③ 见角田柳仁、狄百瑞与唐纳德·基纳《日本传统典籍选编》(纽约:哥伦比亚大学出版社,1958年,Tsunoda, R., W. T. de Bary, and Donald Keene. *Sources of Japanese Tradition*. New York:Columbia University Press,1958.),页616—622,638—646。
④ 山鹿素行(1622—1685):日本江户前期的儒者、兵学家。——译者注
⑤ 广瀬丰《吉田松阴之研究》(东京:武藏野书院,1933年,広瀬豊,"吉田松陰の研究"東京:武藏野書院),页197—220,253—285;《续东洋史之研究》(小柳司氣太"續東洋史の研究",东京:森北书店,1943年),页179—180。
⑥ 荻生徂徕(1666—1728):日本江户前期的儒者、古文辞学派的创始人。——译者注

田松阴的家乡萩城(Haji,正如别处一样)消失了。① 这种基础的文字和教育在明治复兴和维新时,比起近代思想史上有时更吸引人们注意的学术运动来,已证明了是一种更为基本的因素。

尽管饱读了中国的历史和文学,但吉田松阴并不是深刻的哲学家,也不是流行于近代前期的中国、朝鲜和日本较高学术层次的那种"考据学"意义上的一个古典学者。同他自己的老师佐久间象山(Sakuma Shōzan,或作 Zōzan)②一样,吉田松阴受了朱熹的影响,但是他受到的主要激励乃是孟子、王阳明及其强调个人的道德责任、自发性和直接行动。罗伯特·路易斯·史蒂文森③是吉田松阴的一个崇拜者,把他描述为具有"先知的魔力"以及"一切英雄的勇敢和自助的风范"。④ 确实,吉田松阴的最伟大的英雄之一乃是 16 世纪王阳明的追随者李贽,一个个人主义者、偶像破坏者以及自己信念的殉道者,他的狱中自杀在吉田松阴看来就代表了王阳明的"狂狷"(史蒂文森把它称之为吉田松阴的"激烈的、永不厌倦的热情")。这种英雄的献身,吉田松阴视为不怕死的武士的本质,即在近代日本的历史上将要扮演这样一种戏剧性冲突角色的志士(shishi)。⑤ 附带说一下,这也是战后作家三岛由纪夫(Mishima Yukio)⑥的想像力的一个源泉,他同样被行动主义者王阳明以及由殉道者李贽所人格化了

---

① 小柳司氣太《续东洋史之研究》;丸山真男《日本德川时期的思想史研究》(东京:东京大学出版社,1974 年,Maruyama Masao. *Studies in the Intellectual History of the Tokugawa Period*. Tokyo:Tokyo University Press,1974.),页 206—222。

② 佐久间象山(1811—1864):日本幕末学者、开国论者。——译者注

③ 史蒂文森(Robert Louis Stevenson,1850—1894):英国小说家、随笔家。——译者注

④ 史蒂文森《吉田寅次郎》,重印于广濑丰所编《吉田松阴全集》(岩波书店,1935 年,Stevenson, R. L.,"Yoshida Torajirō." reprinted in *Yoshida Shōin zenshū*, ed. Hirose Yutaka. Tokyo: Iwanami,1935.)卷十:864,868。

⑤ 《吉田松阴全集》卷四:页 281—282,致妹函,1859 年 1 月 23 日;致 Tahasugi Shinsaku 函,1858 年 7 月;8:544—546,Dohuyo zassho,1858—1859 年,Rishi funsho(东京,中兴文库,1979 年),页 234—249;广濑丰《吉田松阴之研究》,页 8,180—185,256—268,366—368。"疯狂的热情"是秦家懿翻译中文的"狂狷",这是吉田松阴所极为崇拜的。

⑥ 三岛由纪夫(1925—1970):日本作家。——译者注

的那种英雄主义所吸引。①

在这方面,吉田松阴不是一个孤立的形象。近来的研究已经证实了德川幕府晚期的思想家们和晚明儒家思想(尤其是明末的那些东林改革家,他们虽然批评李贽,却共享他赋予个人的真确性、整体性与自我牺牲的高度评价)②之间的紧密联系。由此看来,当我们回到中国的情况,是否这些思想和态度在清儒对西方的反应中起了某种作用,或者是否日本人汲取了清朝中国人所未采用的道学传统的象征资源,这将是一个恰当的问题。

尽管吉田松阴的象征作用异乎寻常,它仍然预演了日本近代化——由他的老师佐久间象山以"東洋の道徳,西洋の技術"("东方的道德和精神价值,以及西方的技术方法")的词句而提出来——的基本原理。③ 吉田松阴决心直接学习西方,他有效地逃出了"传统学问的保护"。他就这样预演了大量日本人以后实际上在日本生活的各个领域将会以彻底的方式到达西方,但对传统的核心价值又有着各种不明确的反响。同时,代表着传统的则会是结合在吉田松阴自己身上的那些"东方的道德和精神价值"。作为东西两分法的东洋(Tōyō)、西洋(Seiyō)具有一种特殊的日本性质。而在中国,同样的公式在谈到中国的学术或者是一种隐含着

---

① 根据三岛由纪夫与其夫人三岛枝子(Mishima Yoko)、记者德冈孝夫(Tokuoka Takao)的谈话,以及唐纳德·基纳德同三岛由纪夫的谈话。三岛由纪夫把王阳明的教导作为幕末——明治时期革命思想的一个源泉,这一观点见于他的小说《奔马》(Homba)以及他的论文《作为革命哲学的阳明学》,见《三岛由纪夫全集》(东京:新潮社,1976 年,"革命哲學としての陽明學")卷三十四:页 449—482(首次发表于《诸君》杂志 1970 年 9 月)。据说宇野精一(Uno Seiichi)于 1973 年 4 月 25 日做过《阳明学与三岛由纪夫》("陽明學と三島由紀夫")的讲演,作为由三岛由纪夫研究会发起的第二十二次纪念演讲,但找不到印出来的原文。至于三岛由纪夫理解王阳明有多深,这仍然是一个公开的疑问。
② 岗田武彦《日本 19 世纪的新儒学思想家》,载彼得·诺斯科编《儒学与德川文化》(普林斯顿:普林斯顿大学出版社,1984 年,Okada Takehiko. "Neo-Confucian Thinkers in Nineteenth Century Japan." in *Confucianism and Tokugawa Culture*, ed. Peter Nosco. Princeton: Princeton University Press,1984.),页 215—250。
③ 当然这一点并不新颖。见小柳司气太《续东洋史之研究》,页 109—189。小柳司气太《续东洋史之研究》,页 187—188,把这一公式看作是明治时期新型教育的基本原理。

的中国的"道"时,与西方的科学和技术相比,却一点也不涉及到邻国的文明。这里东洋代表亚洲作为一个整体,并包含有同儒家传统在一起的日本传统。正如吉田松阴所表现的,这就为神道、武士道、国学以及综合了具有日本天皇为中心的民族主义的儒家伦理的《水户》①留下了地盘。

在这个关头,明治天皇作为日本团结和民族复兴运动的象征登场了——日本的忠诚和精力就围绕着他作为一个象征,可以在奔向近代化的跃进中动员起来。天皇自己不是一个动人的人,他的角色类似于早期的圣德太子:也就是说,他批准了外来的主要创新,激发了圣德太子使新制度神圣化的"十七条"的那种气氛和先例,而在一部新"宪法"(Kempō)中重新制定了国家的意图。因而,一场革命便能够灵巧地、顺利地以传统和维新的名义得以完成。天皇作为国家传统和民意的一个相对消极的象征,作为对活动家吉田松阴这些革命英雄的一种抗衡力而屹立着,他有助于以一种合理的、有计划的方式引导各种强大的感情和宗教的力量共同去建立新的国家与社会。没有这种平衡,明治统治早期的激烈变革是不可能只流那么少的血便可以完成的。

明治统治最具有代表性的文件当然是他所谓的"五条誓约"(1868年)和1889年的宪法。"五条誓约"简单明了,很像圣德太子的"十七条":

1. 将广泛建立集思广益的会议,一切事物均由公开的讨论加以决定;

2. 一切阶级,不分高下,都将联合起来果断地推行国家政务;

3. 普通人民以及文武官员都将被允许去追求自己的正业,从而不会有任何不满;

4. 以往的坏习惯应予粉碎,一切都应以大自然的公正法律为基础;

---

① 《水户》(Mito):即《水户黄门游记》,为江户初期水户藩二代藩主德川光国所作。——译者注

5. 向全世界去追求知识,以加强皇家统治的根本。

(1. 广兴会议,万机决于会论;

2. 上下一心,大展经纶;

3. 公卿与武家同心,以至于庶民,须使各遂其志,人心不倦;

4. 破历来之陋习,立其于天地之公道;

5. 求知识于世界,大振皇基。)①

我将不讨论明治的宪法,而只是要说在我看来它的确完成了许多"五条誓约"中有关集思广益会议的许诺,并且尽管大正与昭和初期议会制度并未强大到足以抑制 30 年代的极端民族主义者的革命暴力,但他们在其自己有限的方式上确实把"议"与"和"的传统维持到了战后的年代。否则,战争期间,东条英机②就不会在他的战争政策失败之后被迫辞职(而不是像希特勒那样落到悲惨的结局);死硬派也就不会在 1945 年投降时受到遏制;而日本就很可能发现自己也像德国和朝鲜那样成为一个分裂的国家。

"议"与"和"的传统当然不是日本生活中的一切或是它近代成功的关键。除了我在这里所能讨论的之外,还有许多因素在起作用。我并不否认由吉田松阴所代表的传统扮演了一个重要的角色——包括直接行动的传统,以及甚至对于"议"与"和"的"英雄"形象不可调和的抵制。马留斯·詹森③对吉田松阴在这两种类型的想像上所持的自相矛盾的立场,做了灵活的表述:"吉田松阴对下一代志士有着极大的影响。在他的学生中有着像是木户幸一(Kido Kōin)④、伊藤博文(Itō Hirobumi)⑤、山

---

① 角田柳仨、狄百瑞与基纳《日本传统典籍选编》,页 643—644。
② 东条英机(1884—1948):昭和时期的军人、首相,太平洋战争的发动者。——译者注
③ 马留斯·詹森(Marius Jansen,1922—   ):美国的日本学研究学者。——译者注
④ 木户幸一(1889—1977):日本明治时期的政治家。——译者注
⑤ 伊藤博文(1841—1909):日本明治时期的政治家。——译者注

县有朋(Yamagata Aritomo)①和品川弥二郎(Shinagawa Yajirō)②。最具有讽刺意味的是,他乃是当这些学生执政时那些反对他这些学生的人们的特别保护圣人。"③但是说到最后,我将对民意的因素以及对适应和综合的这一传统——即自圣德太子时传下来的本土与外国成分之间的继续对话——赋之以较大的比重和信任,因为日本人有能力迎接近代世界的挑战并且维持今天世界上最稳定的民主制度之一。

现在回到中国,这里有什么可提供从东亚来看待中国近代命运的方式吗？首先,我的论点并不想要在中国和日本近代化的成功上作全面的比较。在中国,疆域和人口的问题、历史的悠久与社会的复杂性问题太大了,以致会使任何比较的判断都令人反感。然而在近代,在中国漫长的历史中,中国人第一次开始以自己和别人进行比较,尤其是和日本人；日本人近代化的成功给中国人的印象至深。即使不以别的方式,这种对今天外部世界的觉醒也明显地要把近代中国与传统中国区分开来。在其他方面,就更无从确定出现了多大的变化。甚至在今天,中国的领导人还倾向于把他们的麻烦解释为由于过去的实践和思维方式(尽管这些都以近代的装束而出现)的阻力。

大多数的中国研究者都熟悉 19 世纪所谓自强派的改革努力,他们在自己的势力范围内从事近代化的改革,往往是在一个地区的基础上,因为那里缺乏全民族有效的协调。④ 作为一方地区的领导人,由于环境所迫而大部分要依赖他们自己的力量,所以像曾国藩(1811—1872)、左宗棠(1812—1885)这样的典型人物就能够很容易地发挥自己,正如

---

① 山县有朋(1838—1922):日本明治、大正时期的政治家。——译者注
② 品川弥二郎(1843—1900):日本明治时期的政治家。——译者注
③ 马留斯·詹森《日本人与孙中山》(麻省,坎布里奇:哈佛大学出版社,1954 年,Jansen, Marius. *The Japanese and Sun Yat-sen*. Cambridge, Mass.: Harvard University Press, 1954.),页 18。
④ 邓嗣禹与费正清《中国对西方的反应》,页 50；狄百瑞、陈荣捷与华生《中国传统典籍选编》页 707—721。

在相似的王朝衰落阶段许多更早的将军和军阀所做的那样,只要他们同朝廷打交道时能允许他们有更大程度的个人自主的话。不过,作为有良心的儒家,他们并不具有此类的个人野心,而只是力求对于一个可以寄予希望的王朝的复兴作出贡献而已。自强概念本身便表明了一种道学家的心态,正如同我们已经看到的,它典型地开始于负起应付自身状况的责任,首先通过自我批评和自我改善,而后把自己的力量伸展到更广阔的领域。这种态度对于以朱熹《大学》的教导——无论是在中国还是在日本——所培育的那些人是普遍的,正如被"自助"和"自我改善"的文学受人欢迎所已证明的(日本的萨缪尔·史麦思现象①)。这种适合道学家以基本的自我修养作为统治他人(修己治人)的起点的政治方法,在这里就由19世纪后半叶中国的改良领袖们应用之于道德、思想和物质的重新武装。但是,这种态度所缺少的是,对这些努力如何能够加以协调并使之指向全民族的目标有一种清楚的意识;而且确实,他们的改良有许多并不是新的,而是引用了早已确立了的后代儒家的社会技术的全部技能。② 况且,这些领袖们被给定的使命是要为一个非汉族的王朝服务,所以他们几乎不可能诉诸种族的民族主义作为一种刺激力。

　　日本和中国双方的努力,其共同之处乃是以类似佐久间象山的公式来调和东西方的学问。在中国,这一公式倾向于一种保守性地保卫传统的方式,伴随着逐渐接受近代西方的学问,首先主要是在技术上,但是渐渐涉及那种技术背后的并传播了那种技术的更多的西方文化。"中学为体,西学为用"是这一思想的最为人所熟悉的表述。批评这种政策的原

---

① 萨缪尔·史麦思(Samuel Smiles,1812—1904):英国作家,社会改良家,他于1859年所作的《自助》畅销世界各地。——译者注
② 例如见本杰明·史华兹《寻求富强:严复与西方》(麻省,坎布里奇:哈佛大学出版社,1964年,Schwartz, Benjamin. *In Search of Wealth and Power: Yen Fu and the West*. Cambridge, Mass.: Harvard University Press,1964.),页8—9。

教旨主义者①,如满洲的儒家倭仁,很容易要反对在他看来似乎是一种不相匹配的男女之间的强迫婚姻,并预言在这样一种本质上不稳定的结合下,中国的价值将遭到不断侵蚀,直至中国人民被迫"对外国人效忠"为止。② 同样,西方的批评者很容易把这一公式解释为传统主义者一种预先注定了要失败的企图——即对当前之不可逃避的现实做出表面让步以使他们对过去的感情依恋合理化。无论是这两种情况的哪一种,革命都会被看作是这种不可避免的价值冲突之可以预料的结果。

不过从长远来看,这种问题还有更多的原因,而不只是近代生活的事实与对 status quo(现状)的保守性防御这两者之间的简单交织。传统主义者觉察到,和解与让步从最早的时候便成为道学家的标志。在 11 世纪,胡瑗的课程表中便将儒家的"体"的价值与数学、河务、兵学等等——其中没有一种属于古典儒家给予很高的优先地位的题材,但是在更为复杂的宋代社会中的生活事实却迫使后来的儒家加以接受——的技术专业的"用"结合了起来。胡瑗的例子由二程兄弟引用作为一种模式,二程后来又由朱熹在他的《近思录》中加以引用,又由吴澄③在蒙古朝廷上导致了 1315 年新的考试制度的大辩论中加以引用,此外还有其他的道学家,包括几个世纪后的黄宗羲和全祖望。④

朱熹以接受法家类型的体系而使自己与这种需要相和解——包括文官考试、法典以及常平仓这类的财务制度——这些是从儒家的"体"之外的某种东西中产生出来的。而且尽管道学家确实继续给予自我修养以最高的优先性,不过在明朝和清朝,技术学问的逐渐扩展已开始被认

---

① 原教旨主义者或称基要主义者或称基要派(fundamentalist);第一次世界大战以来,基督教新教一些自称"保守"的神学家为反对现代主义而形成的神学主张被称为基要主义,此处借指中国近代反对"体用说"的学者。——译者注
② 邓嗣禹与费正清《中国对西方的反应》,页 76。
③ 吴澄(1249—1337):元朝崇仁人,字幼清,人称草庐先生,为翰林学士。——译者注
④ 见我的《道学与心学》,页 59,以及《朱熹的教育目的》,载狄百瑞与约翰·沙弗编《道学教育:形成阶段》(伯克莱:加州大学出版社,1988 年,de Bary, W. T., and John Chaffee, ed. *Neo-Confucian Education: The Formative Stage*. Berkeley: University of California Press, 1998.)。

为与"治人"有关。的确,甚至古典的人文研究都经历了技术的专门化。因而道学家的"研究事物并扩充知识"(格物致知)能够导致对新学术的思考。朱熹在《近思录》中引用了张载对于这一点的看法:"假如我们用大量的信息来把握世界上种种变化着的事件,我们就可以回应那些我们已经有所了解的事件。但是假如我们对未见过的事物感到惊异,我们就会不知所措了。"①他又引用张载的话:"一个人扩大自己的心灵,就可以进入世界上的一切事物。只要有任何事物我们未能进入,就总有某些事物是在心灵之外的。"("大其心则能体天下之物,物有未体,则心为有外。")②

但是如果道学家的"心"不对新的经验封闭,那么保守主义者和进步主义者两方都会对中国的道或者体作出某些假定,它们与日本的情况相比较,就显得可疑了。在这两种情况中都有一种强烈的倾向,要把道认同于皇帝的统治;但是在日本,国体(Kokutai)更是指一种神话而不是指一种确立了的王朝体系——是一种更灵活地适合于新的需要的神话,而不是中国王朝统治的笨重结构。况且,日本的"皇帝条例"清楚地认同于民族传统,它以中国的满族统治所没有的方式适合了一种民族主义的思想意识。民族主义是近代国家建设过程中的一把钥匙,一种缺少了这种潜力的"道",在生存斗争中就会异常不利。

同样,在对武力的威胁中,它们两者也显示了重要的差别。在每一方的情况下,无力防御其自身都会倾向于不信任统治政权;但是在日本,柏利对德川幕府权威所造成的损坏便可以被转化为迅速地取代过了时的将军而建设国家的这一好处。不过,在中国缺少可代替的领袖——既

---

① 张载《张子全书》(京都:中文出版社·近世汉籍创刊,1972年,卷二正蒙七,页439;《近思录集注》卷二第三十七章;译文引陈荣捷《近思录》,页84。
② 张载《张子全书·正蒙·大心篇第七》;《近思录集注》卷二·为学;译文引陈荣捷《近思录》,页74—75。的确,在本段和前面引文中,心和学的概念并不恰好吻合现代的概念,但是在《近思录》的引文中,毫无疑问的是,知识的探讨和对别人的移情式的开放这两者都是受到鼓励的。

在政治上有能力又能够利用传统的象征资源,像是明治天皇周围的那些资源——这就意味着取代清朝将会是缓慢的、更费气力的,而且最后也将使得传统更受创伤。

不过,清朝政府须得对付更加严重的无能。保存传统的"道"这一情况,大大有赖于这一假设——即如果领导者精力旺盛地能为赢得或者是维护民心而行动,那么传统的价值便可望保存中国人民的团结并增强他们的抵抗意志。不过这里暴露了一个致命的弱点,即自称是代表传统的清政府其本身的建立是可疑的。这倒不都是由于满族不是汉族,因为传统——它与近代的民族主义相对立——更是普世主义的,而非种族中心的。那倒更是由于清朝是作为一个征服王朝而掌权的;它不过是中国人的大海中的一个微小的、作为统治者的少数民族,它更加有赖于一种和平的儒家意识形态以及自我控制的绅士理想,而不是依赖于维持其权威的守备军的规模。因而在遇到19世纪的危机时,它的权力和威望这时就受到了严重的损害,而且又不能诉诸民族主义作为一种自我防御的路线;清朝统治者要在纯粹传统的基础上把他们的情况置之于汉族支持的基础上,同样地也处于一种可疑的境地。他们究竟是否在这种理想或者意识形态的意义上赢得了"民心",仍然是个疑问。

确实,到了19世纪中国对满族的抵制已经停止了,而且存在着对满族的统治的普遍默认,同时儒家士大夫日渐倾向于把他们自身的利益认同于王朝国家的利益。因而,正如本杰明·史华兹所说的:"对大多数士大夫来说,保存信仰与保存国家是不可分割的。"①但是严复在1898年的一份备忘录里,暴露了这一名词的另一个方面,他说:"不可能有任何'道'是没有国家和人民的支持的。"("盖道者,有国有民所莫能外。")②这里,人民(像是日本人所曾做的那样)之支持王朝和迎接近代化考验的能

---

① 史华兹《寻求富强:严复与西方》,页18。
② 史华兹《寻求富强:严复与西方》,页17。

力,就牵涉到有关传统以及有关满族的种种问题。

一则,在既定的局势下,对于怎样得到"民心"的方法还是一个问题。如果普遍的情绪和支持能像日本人在一个远为紧密和一致的社会——在一个提供了交流更为迅速而且努力更能有效协调的社会——里所被动员起来的话,那么地理和人口问题其规模就极其巨大。

这个问题又回到传统本身的一个巨大而未完成的许诺问题上来;中国人一直没有能取得大理学家们,尤其是朱熹所坚持的普及学校教育的体制,而那是赢得民心(原来是指在佛教和道教之外)的 sine qua non(必不可少的条件)。几代的理学家都关注这一失败,并促使他们同时代的人加以弥补。许多人把这种失败看作是根源于王朝政权倾向于把教育主要当成官僚体制选拔才智的一种手段,而忽视人民的普遍教育,朱熹则说它必须是首要的目标。这一点并不只对独立的改良家陈献章(1428—1500)、黄宗羲(1610—1695)——他们远离权力的庙堂——来说是正确的。甚至正统记载中清代理学卫道士的领袖张伯行(1651—1725)①在朝廷身居高位,但其试图改革时仍然受挫,他在唤起对于朱熹观点重新注意时,也发出过同样的抱怨。②

这个死胡同的历史原因是复杂的,而且是难以评价的。把责难一般地集中于王朝统治的剥削和压迫的特征,而具体地集中于把教育作为选拔官员方法的目光短浅,这是很容易的事。另外,一种振振有词的解释则是,在一个农业社会中,主要的农业人口很少使用成为学校特色的那种经典学习,而且在艰难的生存斗争中也没有什么时间能花在那上面。不过这反过来又把我们带回到高级文化对于低级文化的问题上来。我并不想在这两者之间设下一条鲜明的鸿沟,或者召出被分裂为受过教育的精英和不识字的农民这一古老的中国士大夫的幽灵,这种僵化的模式

---

① 原文中张伯行生年误为1652年。——译者注
② 见张伯行在《正谊堂全书》中《程氏家塾读书分年日程》序(福州正谊学院1868年版)卷一:第一章。(应为同治五年即1866年版。——中译者注)

正被近来更多的研究逐渐提出疑问。① 无论如何，这一点始终是正确的，即儒家经典教育——实际上是《四书》中的新古典的以及理学的课程——其主要取向明显是要培训学者官僚，教育唯一真正的目标和报酬乃是得到官场上的晋升，得到一种只限于少数被选中者的特权地位——事实上，这一点几乎全人口的各个阶层而不只是国家，都视之为理所当然的。

确实，朱子已经力图达到更广大的听众和更广泛的教育目的。更为有关的则是王阳明改写的朱熹的关键学说，部分地是由于他视之为过于书本气、学究气以及文字气的学术路数，他企图用对常人更为有意义的词句来向普通人重新界定学术。这一做法的结果确实十分可观，一时间王阳明在明朝通俗文化的广阔范围内发挥了强大的、充满活力的影响。如果这不过证明了是短命的，那或许由于不只是保守力量的反对而且后来还有官方的厌恶，王阳明未能编出一套比朱子的《四书》更好的为更多读者的教育需要服务的初学书和课本。结果，朱子更加系统的学术路数便流行开来并继续为东亚的教育规定着方向。

在这一结局中，学者传统的本身力量重又肯定了它自己。对王阳明思想更富战斗性的反击是由陈建（1497—1567）发动的，他的《学蔀通辩》（对各种学问蒙昧的总批判）一开始便以惊人的坦率宣告了自己的基本前提："天下最大的莫过于学问，学问最大的灾难莫过于对真理的蒙昧。"② 陈建

---

① 其中最有关的或许是埃文林·劳斯基《中国清朝的教育与民间文学》（安·阿伯：密西根大学出版社，1979 年，Rawski, Evelyn. *Education and Popular Literacy in Ch'ing China*. Ann Arbor: University of Michigan Press, 1979.）；大卫·琼森、黎清友与埃文林·罗斯基编《晚清中华帝国的民间文化》（伯克莱：加州大学出版社，1985 年，Johnson, David, Andrew Nathan, and Evelyn Rawski, eds. *Popular Culture in Late Imperial China*. Berkeley: University of California Press, 1985.）；以及李弘祺《中国宋代的政府教育与考试》（香港：中文大学出版社，1985 年，Thomas H. C. Lee, "Government Education and Examinations in Sung China"）。
② 陈建《学蔀通辩》（重印，台北：广闻社，1971 年，作者的序言，页 1；以及诸桥辙次同他人合编的《儒学大系》东京：明德，1974 年，"洙泗学大系"）卷十之 532（日译本页 369）。

论证说,不能做出明确的概念分辨,就导致了朱熹的教导与王阳明、陆象山的教导双方之间对问题的混淆。按陈建的说法,陆、王自我修养的方法在于"养精神",这反映了佛家和道家的微妙影响,而朱熹的主旨则在于学术研究和推论式的分析,他强调的是具体的事实、事物和事件。陈建援引胡居仁的话说:"儒家培养道和理;佛家和道家培养精神。"("儒者养得一个道理,释老只养得一个精神。")①

无论陈建对双方相反立场的说法是否完全正确,我们却可以准确无误地在这里看到划出具有长远意义的内涵的一条界线。17、18世纪的儒家是沿着日益增长的理性主义与实证主义的学术方向前进的,同时使自己远离了精神的方面;这就意味着对自己进一步割断了民间宗教之激情和道德动力的某些源泉。

假如我们以这一点比较日本的情况,我们发现在那里"正统的"道学家如山崎闇斋及其学派是警觉到了陈建的责难的,却又拒绝追随清代那种脱离学术和宗教的倾向。后者和儒教一道(佛教徒在乡村学校里教着《四书》)继续扮演着一个重要的角色,往往还存在直接的合作(道学与德川的思想家的神道频繁地合流,儒家伦理与国体思想体系中的本土宗教传统相混合,如此等等)。

我们以这种比较的眼光——哪怕是承认清代考据学和考订学的动人成就——就可以追问:在政治层面上这些文化方面的精致化是不是由于丧失了在根基上的新成长而被抵消了,例如儒教与民间的宗教感情相脱离,日本的吉田松阴是么强烈地诉诸这一点。假如情形确实如此,那么清代的儒学被赋之以这种世俗的取向,就很有可能使自己变得与皇朝国家的联系过分的密切。② 这样一种联盟就是十分自然的了,但并不是没有它自身的风险和责任;鉴于国家未能以教育手段来培养严复视之

---

① 《学蔀通辩·提纲》,页2;《儒学大系》卷十之533b(日译本页373)。
② 史华兹《寻求富强:严复与西方》,页17—19。

为同样是生存所必需的"人民支持"的那种东西,它就要有可能被证明是更加致命的。19世纪末、20世纪初在中国的基督教传教士注意到了这一教育上的缺欠,看出了那是一个机会,并赶来填补这个空缺——这就更加使倭仁一类的保守派惊愕不已了。

与自强派相对来说未经协调的和零敲碎打的路数相对照的,则是1898年"百日维新"时康有为的综合性的纲领,这一纲领可以看作是过渡到孙中山和毛泽东的革命纲领。康有为的纲领是憧憬式的、预言式的,而且(正如在他的《大同书》中所明白表述的)是整体性的。他的思想在许多方面是空想的,并在范围上明显纳入了许多非传统的成分,远远超出了自强派较为温和的改良主义。然而我们可以问道,它在一些根本方面是不是也没有停留在中国传统的轨道之内?

尽管康有为要从西方捡来许多重要的概念,他对自己和对自己的人生作用的概念却在他早年的道学教育中就已经确定了。他对自己有一种深刻的信仰,即作为一个圣人,抱有一种拯救世界的英雄天职。① 康有为强烈地认同于王阳明和陆象山,②而在他早年实行静坐时,他就有过一种神秘的经验。"突然之间,天地万物都和我融为一体,于是在一种启蒙的大解脱中,我看到自己是一个圣人而纵情欢笑;然后我又突然想到一切生命的艰辛苦难,我就悲泣起来。"③ 从这种和其他的早期学问经验中

---

① 萧公权《近代中国与新世界:康有为(1858—1927)——改良家与空想者》(西雅图:华盛顿大学出版社,1975年,Hsiao Kung-ch'üan. *A Modern China and a New World*:*K'ang Yu-wei, Reformer and Utopian*, 1858—1927. Seattle:University of Washington Press, 1975.),页21—31。
② 萧公权《近代中国与新世界》,页59—60。
③ 《康南海自编年谱》,载翦伯赞与他人合编《戊戌变法》(长沙,1953年)卷四:页117;译文采自理查·豪瓦德《康有为(1858—1927):他的思想背景和早期思想》,载芮沃寿与崔瑞德所编《儒家人物》(斯坦福:斯坦福大学出版社,1962年,Howard, Richard C. "K'ang Yu'wei (1858—1927):His Intellectual Background and Early Thought."in *Confucian Personalities*, ed. A. Wright and D. Twitchett. Stanford:Stanford University Press, 1962.),页301。

(它使人突出地联想到明代的道学家,如陈献章和王艮),①康得出了对自己事业的正当性的一种强有力的信念,由此渗透出对自己的见解有一种武断的自信和信念,那始终贯彻他的一生。因此他在道学思想中吸取了和吉田松阴一样的预言的调子,尽管没有吸取吉田在日本传统中可加以利用的其他象征力量。

康有为的大多数近代诠释者,对他晚年排斥程朱理学都留有深刻的印象,而他们又认为程朱理学只是一种腐朽过时的经院传统,所以未能认识到这种先知的角色同样地乃是作为整体传统的一个典型,而不仅仅是传统中所谓陆王学派的一个典型而已。在另外地方的几个条目之下,我已经讨论过这种先知调子的重要性,包括它与"道的传统"或"道的继承"(道统)的极其重要的联系。② 重新据有这种先知的、原教旨主义的关键特点,乃在于它否认与排斥对"传统"的干预,并斥之为是一种腐化,它对经典做了实质性的重新解释以及对历史采取了一种修正的观点——这一切都是康有为整个思想的特征。

为了进一步肯定这种先知作用在道学中据有的中心地位以及与康有为的关系,我要回到第三章所引述的吕留良(1629—1683)的例子。我们记得,吕留良是清初正统程朱之学复兴的首席捍卫者,他把朱熹以后的全部理学思想都斥为胡说而横扫一空,把自己看成几乎是 500 年来朱熹唯一的真正诠释者。③ 而且吕留良对皇朝统治激进的、原教旨主义的

---

① 见简又文《陈献章之自然哲学》,载狄百瑞编《明代思想中的个人与社会》(纽约:哥伦比亚大学出版社,1970 年,Jen Yu-wen. "Ch'en Hsien-chang's Philosophy of the Natural." in *Self and Society in Ming Thought*, ed. W. T. de Bary. New York: Columbia University Press, 1970.),页 53—86;以及我的《晚明思想中的个人主义与人道主义》(同上,"Individualism and Humanitarianism in late Ming Thought"),页 157—169。
② 见我的《道学与心学》,页 9—13;以及《中国的自由传统》,页 11—20。
③ 这是我对吕留良所进行的广泛研究的题目,随之要出版一部论新儒家思想中个人主义的著作。我给 1985 年 10 月哥伦比亚大学的传统中国的大学研讨班做了一个初步的报告,题名为《吕留良(1629—1683)与回到正统》("Lü Liu-liang (1629—1683) and the Return to Orthodoxy." Paper delivered to the University Seminar on Traditional China, Columbia University, October 1985.)。

抨击,乃是1728年①曾静反叛案的促动力。虽然康有为本人可能并未充分觉察到吕留良在晚期程朱思想中的重要性,不过吕留良一案却提醒人们,这种激进的改良主义并不是新东西,至少在概念上它具有一种潜能,可以对现存的秩序进行革命的改造;而且假如康有为在他的思想里把自己看作是一个"革命者"的话,那就必须通过这一先知的角色而向其他新成员宣布出来。

在康有为的综合思想和政治纲领的许多非儒家成分中,有两种在这里具有特别的意义。到了1898年②,许多改革者已经强烈意识到需要对教育做点事情了。然而,成为时代的一个标志的是,康有为在这一年号召建立一种全国教育体制时,他引证了像普鲁士和日本这些外国例子——而不是中国本土的先例——的成功。无论他对中国历史或对道学思想的高度有选择的阅读是否允许康有为具有对这些早期尝试的知识,但在危机的晚期阶段,单纯的前例对于他已说明不了什么,而一部以往失败的记录就更加说明不了什么。

不管康有为和他的同事们是由什么渠道警觉到了问题的迫切性的,他们处理它的那种方式却不但表明了对早期失败的不理解,而且还表明了士大夫方面还要再犯同样错误的典型心态。正如萧公权(并非毫不同情地)所复述的:

> 为了在各省加快学校体系的发展,康建议将传统的学院(书院)改成"中学",并且把"未经核准的神祠"(淫祠)的建筑用作小学的房屋,应该要求所有六龄的儿童进入这种小学。中学在其课程表中应该有"西学课目"。康援引了明治时期日本的榜样来支持他的论点。靠了近代教育——这给予了日本的领导人以关于西方政治、文学和技术上的知识——这个岛国强大到能在战争中打败中国。在一份

---

① 清世宗雍正六年。——译者注
② 清德宗光绪二十四年,即戊戌年。——译者注

七月十日颁布的圣旨中,皇帝未作修改地采纳了他的建议。①

在任何情况下,康有为的改良都不会有任何结果,这是由于他在朝廷的政治无能所决定的,然而在这次事例中却也表现出了某种天真。简单接收过来现有的私家书院和宗教学校并且(大部分是在名义上)加以改造,尽管只是暂时的权宜之计,却对早期改良派的短视措施带有典型意义。它反映出一种顽固地不情愿以任何系统的和彻底方式提出力量分配的实际问题来支持这样一项重大之举。毫无疑问,这种不情愿是由于道学家偏爱自足与自律的心态习惯所培育出来的。这些反过来又证明了朝廷 laissez-faire(自由放任)政策的正确,让地方政府自行动员力量去解决地方的需要,同时允许朝廷去颁布各种往往是不能与地方的财政现实相符的理想方案和合理性的计划。就像在军事上的裁减军备(像宁愿通过地方民兵在分散的基础上处理公安问题所表明的那样)②,这种对财政和军事分散化的先天倾向解除了皇朝国家的武装(尽管它是一个中央集权的官僚体制),并使之不能像一个近代民族国家那样行动自如。从近代观点看来,公众哲学和王朝体系是背道而驰的,其运作目的往往相反。

康有为企图单纯地以榨取地方上可用的力量来巧妙地解决这一困难(而这些力量本身是随着国家学校未能完成早先的许诺之后,由地方上"私人的"创议而发展起来的)。同时,人们却可以祝贺自己"拯救了世

---

① 萧公权《近代中国与新世界》,页 380—381。
② 这一点在新儒家的心灵中怎样在起作用的一个动人的例子,见之于张伯行《正谊堂全书·养正类编十三卷》序言卷一至二。张伯行既是高官又是朱熹正宗的首席宣扬者,他对教育的考试体制的有害效果是持批评态度的,他不知疲倦地为"养正"而努力,也就是说,要以真学问的纯粹性和正确的实践来教诲人们。在解释这种"正确性"是应该怎样通过圣人与尊严的媒介而扩及天地万物时,他说:"当这一点普及万民时,他们就都参与农夫——军士的安居落户(屯田),从而他们就耕种田地并保卫国土,于是社会的基础就会正确而坚定地得以确立。"就我所知,朱熹本人从不曾对屯田赋予如此根本的重要性,但是屯田可以看作是非常投合朱熹一般地对地方自足与社区性的强调,作为政体的根本基础,遵循着被认为是统治者的明智无私的典范而树立起来的在上者的模型。

界",其实那只不过是由于使皇帝堂皇、慷慨而且"无保留"地颁发了一道道的谕旨下令改革而已。

正是在这里,我们看到了道学家理想主义最坏的浪漫的一面,它往往以"英雄的"自我安慰的词句庆祝它那乌托邦的梦想,同时总是假设有充分天良的官吏们会找到一条路来符合上级所制定的模式。康有为尽管是以"纯批评"(清议)而为人们所熟知的那种类型的改良主义的代表,力求唤起士大夫投身于迫切的行动,但他仍然认定问题是要上达天聪,并且自上而下地规定一个方向、一种领导的榜样。① 他的"批评"和劝导主要是向他自己的那个士大夫阶层发出的。因而,当康有为像吉田松阴一样扮演着道学家的英雄与先知的角色时,他就向一群精英的听众们呼吁,他们大部分都是与皇家的官僚体制合作而起作用的,而这个体制本身却已经到了末路。发动与动员像吉田的那类"草莽英雄"自下而上而非自上而下运作起来的思想,是很难向康有为呈现的,除非能有某种非常日本式的东西。② 可是,并非所有的先知都是既像康有为那样的幻想憧憬者,又像吉田那样的英雄式活动家。

这就使康有为许多很好的洞见化作乌托邦的计划和不切实际的幽暗薄雾般的那种非现实主义了。另一个例子则是他的这一感受,即中国极其需要有统一的象征、道德的能力和宗教的社会纪律,这一观点乃是他处心积虑要定孔教为国教的基础。毫无疑问,这一点发自一种深刻的、最真诚的信念,因为康有为本人就表现了这样一种神秘的对孔子的忠诚,不管他是以自己认同于先师,还是以先师认同于自己。然而他的信念也混杂着另外一种感受,即在西方和日本,宗教都代表着一种强而有力的统一力量。康有为对日本充满动力的国体思想体系有着深刻的

---

① 见石约翰《1898 年的改良运动》,载保罗·柯文与石约翰《中国 19 世纪的改良》(麻省,坎布里奇:哈佛大学出版社,1976 年,Schrecker, John E. "The Reform Movement of 1898." In *Reform in Nineteenth Century China*, ed. Paul A. Cohen and John E. Schrecker. Cambridge, Mass.:Harvard University Press,1976.),页 293—295。
② 詹森《日本人与孙中山》,页 75—77。

印象;尽管有国体而没有神道,是不可能直接移植到中国来的。康有为对孔教使用了"民族精华"(日本文是 kokusui,中文是"国粹")这一相近的观念。① 因为这对理性主义的儒家是说不通的,对解放了的进步人士是无法接受的,于是孔教之作为国教也就毫无结果了。

这些冒险,无论在教育上还是在宗教上,都不能使自己明确被纳入像是"传统的"或"近代的"范畴;因为康有为在两者的每一种中都努力要沟通两个世界——儒教与民族主义、专制主义与平等主义。然而在历史学的领域,康有为的观点对中国却有着革命的涵义。要点倒不在于他怎样重写过去的历史,而在于他怎样设计一种新的未来——这是西方的进步与演化的观念深刻地冲击了康有为和他那一代人的一个标记。

中国思维的这一高潮性变化的充分意义,对于那些单纯把这种新的"未来"看作是与一种认同于过去传统相对照的人们来说,是不会显而易见的。事实上,传统总是更加朝着现在而不是朝着过去定向;换句话说,它是有选择地乞灵于过去而为现在的目标服务的。正如张光直关于中国早期历史的著作中所说过的:

> 看来到了东周时期就已经演化出了此前一千五百年一种标准的普遍化了的历史,而且这种历史的显著行为模式使得学者们可以预言未来。

预言未来的能力,当然是中国传统历史学的中心目的。对于"为什么研究过去如此之受到尊重,以及应该把哪些价值归之于它"这个问题,芮沃寿(Arthur F. Wright)做了如下的回答:"一个原因是过去的成功和失败为自己的时代提供了确切的指导。……随着儒家传统的发展,它延续了把研究过去作为对有关经验的一座贮存库这一指令。"②

---

① 萧公权《近代中国与新世界》,页 384。
② 张光直《艺术、神话和仪式》(麻省,坎布里奇:哈佛大学出版社,1983 年,Chang, K. C. Art, Myth, and Ritual. Cambridge, Mass.: Harvard University Press, 1983.),页 88—89。

即使张光直这里所提到的"未来",也必须涉及最近的未来以及怎样处理当前的问题,没有任何未来是在过去演化的基础之上所规划的。倒不如说,过去的价值就在于它与目前的相似性,而根据研究过去所得出的预言能力,就在于人世事物的永久性,就在于历史重演其自身,所以圣人们的典型行为就可以成为当前的楷模。

道教和佛教也同样如此。老子和庄子都教导过后来林语堂所归之为"生活的重要性"的东西,亦即要生活在现在。正如我们在中国佛教中所发现的,"过去"在儒家的意义上也是没有什么意义的,但是假如在那两种主要形式——禅或净土——的任何一种中对它的"中国性"有任何意义的话,那就在于它们诉诸人的当前状况,即禅宗的此时此地和净土宗所信仰的"交相过渡"(而不是长时间地慢慢上升到佛)。

对于朱熹,历史和传统两者也把焦点聚集在"手边"的事物上;否则,理解圣人之道又怎么能产生当前的自我实现?在《中国的自由传统》一书中,我曾指出宋代儒家的各政治派系频繁地使用"新"字(即"新"、"重新"或"革新"),不管是王安石的"新法"或"新义",程颐、司马光和郑居中的"新礼",还是程颐和朱熹的"新民"。即使是"复古"也被用以作为批准体制革新的一个口号,同时"圣人之道"被转化为人人在当前局势中所要遵循的一条通向圣贤的现实之路。①

所有这些说法都出自一种信仰,即把"道"作为生命的更新,用《易经·大传》里的话来说就是"生生",即可以用一种与生物学上的生命新生的有机周期来类比。他们并不以任何累积的历史过程的保证来预测未来的进步,或预测任何摆脱目前的束缚而逃往一片福地。求助于先例或过去的权威,确实并不能肯定从过去到现在的某些价值的连续性作为改革的保证,而改革则被看作是服务于当前的迫切需要,而不是导向一种永远改进着的未来。

---

① 狄百瑞《中国的自由传统》第一章。

假如未来多少隐含在大多数人的意识之中,那么它也作为家庭的一种延续、作为与过去的联系性的一种伸展。在政治上,这种延续家族生命和财产的强烈意识,就转化为占统治地位的家族对维护统治王朝的关切。然而这里,延续却变成了一种保护性的、防御性的概念,是与遵守王朝的先例(作为一个统治者所继承的、要求享有主权的一个来源)强有力地结合在一起的。正如我们已经谈过的,在清代的中国这一点就倾向于沉重地阻碍了改革,这与日本的情形恰成对比;在日本,皇族暧昧不明的起源以及若干世纪它事实上孤立于实际的统治之外,就意味着它大体上没有各种繁琐的政治先例的负担。

对中国人来说,这个问题并不是一个全新的问题。清初的黄宗羲和吕留良两人作为王阳明和朱熹学派的首要代言人都曾坚持说,家庭关系是自然的和无可逃避的,它与统治者和被统治者双方的同意的关系之间有着根本的区别。① 但是当康有为引征一种被理想化的"大同"的过去,并且把它用于作为一个乌托邦的未来象征时——那是一场普遍的"由无序到有序,并由有序到伟大的和平(自据乱进为升平,升平进为太平)的演进"②——他就不只是在要求中国人以一种根本不同的而是西方的方式来看待自己的历史了。确实,他是在——或许是他那对西方的不完全的知识,或甚至他那别具一格的对中国过去的研读所允许他承认的——以一个当今西方的先知的声音来号召他们不再备受束缚地徘徊于令人失望的当前,而要进行一次长征,使当前转变为一场基督的来临。

孙中山要比康有为受到更多的西方心态的影响,他以古代的理想"天下为公"(天下的一切都共同享用)的名义而为未来设计一种大同这

---

① 吕留良《四书讲义》(四十三卷,1686年版)卷六:10ab;卷十七:9a;卷三十七:1b—2a;卷三十八:8ab;狄百瑞《中国专制主义与儒家理想》,载费正清编《中国思想与制度》(芝加哥:芝加哥大学出版社,1957年,"Chinese Despotism the Confucian Ideal." in *Chinese Thought ant Institutions*, ed. J. K. Fairbank. Chicago: University of Chicago Press, 1957.),页163—203。
② 康有为《论语注》卷二(万木草堂丛书本,1917年),今据北京中华书局1984年本,为政第二,页28。——译者注

种同样的意义上,乃是一个革命者。但是认识到了在中国所确立的形式下的那种君主专制统治并不能适合朝着这种理想进步,他就发动了一场共和制的革命,而不仅仅是一种新的演化过程。即便如此,他在摆脱中国的现状时,也遇到了顽强的阻力。1911年①满清确实瓦解了,但却更多地是因为王朝内部的弱点和它柔弱的儒教下腹部10年来被自由化的改革所渗透的缘故,而并非因为任何有组织的革命力量协调一致的攻击。因而中国人之无力重建一个有效的中央政府,使得孙中山深信他们乃是抗拒建设国家的。他说他们像"一盘散沙"②,缺少民族凝聚力。他把这种情况归咎于过分的个人主义和以家庭为中心而不是以国家为中心的忠诚。因此他要一方面从过分的个体主义、另一方面又从一种弥漫于全世界的普遍主义的现状出发,努力为解放而奋斗,以求得"民族自由"的一条正道。③ 要跨越这种无政府状态的目前并导向民主的未来,他对民众之期望把立即全面展开民主制作为理想的实现所作的答案就是党的领导。他的三个阶段的理论与康有为历史演化的三个阶段不同,乃是一代人革命的政治行动的纲领,这一代人不断增长着的期望是等不及演化的。他估计那将需要整整9年时间来完成这一过程。

那种革命的期待,或许没有人比李大钊表现得更为狂热了,李大钊后来被称为中国共产党的奠基人之一,当时他欢呼1918年俄国十月革命的胜利。他沉醉于千年福王国就近在咫尺的这一思想,并以欣欣鼓舞的词句谈到布尔什维克运动:

> 他们主张一切男女都应该工作,工作的男女都应该组入一个联合,每个联合都应该有中央统治会议,这等会议,应该组织世界所有的政府,没有康格雷(国会——译者注),没有巴力门(议会——译者注),没有大总统,没有内阁,没有立法部,没有统治者,但有劳工联

---

① 即清宣统三年(辛亥)。——译者注
② 孙中山《中山全书》四卷(上海,三民图书公司,1946年),卷一:4—5。
③ 孙中山《中山全书》,卷一:页15—16,28—29,51—52。

合的会议，什么事都归他们决定。一切产业都归在那产业里作工的人所有，此外不许更有所有权。他们将要联合世界的无产庶民，拿他们最大、最强的抵抗力，创造一自由乡土，先造欧洲联邦民主国，做世界联邦的基础。这是 Bolsheviki（布尔什维克——译者注）的主义。这是二十世纪世界革命的新信条。

伦敦《泰晤士报》曾载过威廉氏（Harold Williams）的通讯，他把 Bolshevism 看做一种群众运动，和前代的基督教比较，寻出二个相似的点：一个是狂热的党派心，一个是默示的倾向。他说："Bolshevism 实是一种群众运动，带些宗教的气质。"……岂但今日的俄国，二十世纪的世界，恐怕也不免为这种宗教的权威所支配，为这种群众的运动所风靡。

《Bolshevism 的胜利》（1918 年 12 月）①

请特别注意在这种狂幻的憧憬中，李大钊本人意识到了它是一种新的宗教现象，是一种几乎可以带来立地得救的新信仰。然而，假使说知识分子的李大钊就这样看到了革命是如此之近在咫尺，而把未来带到了中国人很容易达到的范围之内，那么毛泽东在 1927 年的形势感却是更加严峻的、现实的，并且在某种方式上还是更有远见的。在观察湖南状况的基础上，他看到了农民群众构成为革命的主力军。这并非意味着——像是某些人所设想的那样——农民会领导革命，倒不如说谁想领导革命，就必须对农民的当前问题以及假如农民受到恰当领导时所可能产生的那种潜力有一种深刻的感受。毛泽东早就怀疑受西方教育的中国人是否适合做这种事。他的怀疑表现在他对"洋学堂"的评论中：

"洋学堂"，农民是一向看不惯的。我从前做学生时，回乡看见农民反对"洋学堂"，也和一般"洋学生"、"洋教习"一鼻孔出气，站在洋学堂的利益上面，总觉得农民未免有些不对。民国十四年在乡下

---

① 见邓嗣禹与费正清《中国对西方的反映》，页 246—249。

住了半年,这时我是一个共产党员,有了马克思主义的观点,方才明白我错了,农民的道理是对的。①

《毛泽东选集·第一卷·湖南农民运动考察报告·文化运动》

我们从这一点可以看出毛泽东对革命性质的基本洞见与李大钊国际主义和乌托邦的理想,形成了鲜明的对照。毛泽东的观点来自同样典型的中国经验——即从那些在大地上劳作的人们并具有从土地上多少世纪务农、勤俭、自助和互助、生存竞争而产生的种种美德与力量那里所学会的各种实际课程里——那是过去时代中国生活的顽强的现实,是来自"中央王国"的真正中心。

这些同样的力量乃是毛泽东从事西向长征时所依赖的东西。长征后来成了中国共产主义革命及其中心神话的伟大史诗,它体现了后来作为继续革命的持久价值而为人们所一再称道的那些革命品质和英雄业绩。尽管它是史诗式的"长征",但这次征程却不是引向西方世界的新天地,而是更加深入到中国内部去,事实上是深入到中国文明的古代故土,在那里甚至延安的窑洞里——毛泽东和他的同志们根据地的老家——也诉说着紧紧生活在大地上的那种艰苦的生活方式。从某种意义上,这就是毛泽东相应于甘地史诗式的向海上进军的英勇对等物,那场向海上进军中的制盐就象征着印度人民的自足自给、对道德和精神价值的依恃以及为自决而进行的斗争。不同之点是,甘地受过广泛的西方教育并且能够站在自己的道德和法理的立场上向西方势力挑战。毛泽东则没有留过学,也不很懂得西方语言,他对外部世界的知识是有限的。尽管在某些方式上是个教条的共产主义者,他那中国共产主义的意识却大部分是中国的,此中包括他甚至把马克思-列宁-斯大林主义纳入本土对"道"的思想意识的继承概念(道统)之内,这就为他自己那种先知的角色留下

---

① 毛泽东《选集》(伦敦,劳伦斯与魏斯哈特,1954 年,Mao Tse-tung, Selected Works, London: Lawrence and Wishart,1954.),第一卷,页 56。

了地盘。即使是今天,马、恩、列、斯、毛的宗传肖像,也还是在先知继承的公共场所中悬挂在一起。

在大量吸收本土的道德力量和权威传统的同时,毛泽东持久斗争的学说由于强调革命是对过去的全盘解放而强有力地肯定了它那史无前例的历史意义。因而人民解放军1949年所获得的胜利,就永远都以"解放"闻名;而"解放前"和"解放后"就作为时间上一个决定性的关头而标志着历史的一个分水岭,它可以同公元前与公元后的转折点相比拟。

这种重要意义,被毛泽东在他那篇《反对自由主义》中摒斥革命"解放"的主要对立面而得到了进一步的强调。对他来说,自由主义代表着对既定的做法的任何妥协,由于不惜任何代价要求和平的资产阶级本能或者由于脆弱地自我沉溺于对别人的温情而对原则性的革命斗争有了任何的放松。① 如果我们以这种态度来比较一下改革被人看作是从过去之中有机地成长起来的,或者是建立在对当前的眉目清楚的估价之上的那种温和渐进的路数;那么我们就可以认识到毛泽东坚持这样一种激烈的决裂——坚持把"解放"当作是一场从全盘不可救药的现在之下解放出来的无情战斗,而不是朝着一种规划井然的未来——是怎样把他的"解放"支柱放在远离改良主义者的"自由主义"的地方了。当前的行动,而非精心策划的审慎的纲领,乃是推翻已经被斥之为彻底腐化了的现存秩序所必需的东西。从这个角度而言,解放看起来是如此之不受束缚,却又是如此之载负着它那道德的炽热而又被它那正在破晓的光辉之令人陶醉的憧憬弄得眼花缭乱,以致它始终都没有意识到从过去所承受下来的重担。

在也像毛泽东一样受《四书》和道学家的道德纪律所培养出来的较有教育的同志们中,道学仍然是党内精英的一个基本参照结构,他们要使自己维持一种高标准的责任心和正直感。刘少奇在他的训练手册

---

① 毛泽东《选集》,第二卷,页74—76。

《怎样做一个好共产党员》(《论共产党员的修养》)中解释这一点说：

> 在修养的方法和形式上也是有各种各色的，譬如在我们同志中有许多人写日记来检查他每日的工作和思想，在他工作和生活的地方写着张贴着他的缺点及他仰望的标语和人物，要求同志批评他，监督他等。在中国古时，有曾子的"吾日三省吾身"，《诗经》上的"切、磋、琢、磨"以及"反躬自问"、"座右铭"、"书诸绅"等。中国宋儒也有许多修养身心的方法，各种宗教亦各有一大套修养的方法和形式。中国《大学》上说的格物、致知、诚意、正心、修身、齐家、治国、平天下，也就是说的这一套。这些一切，说明一个人要求得自己的进步，必须下深刻的功夫，郑重其事的去进行自我修养与学习。然而这些方法和形式，许多我们是不能采用的。因为这些大都是唯心的、形式的、抽象的、脱离社会实践的东西。他们太夸大主观能动性的作用。以为在脱离社会的革命的实践之情况下，只要保持他们一般的"善良之心"，只要有默祝与祈祷，就是说，只要有主观的努力，就可以改变现实，改变社会与改变自己。这当然是虚妄绝伦的事。我们绝不能这样去修养。①
>
> (《论共产党员的修养》1949年4月第三版，新华书店)

刘少奇接着强调，需要在党的斗争与集体纪律的关系中"以马克思列宁主义的普遍真理与革命的具体实践相结合"。然而显然的是，他希望不要丧失传统的自我批评与道德纪律所表现的那种对无私行动的鞭策。无论是刘少奇还是毛泽东，都不能称之为儒家或什么别的，而只能是公认的共产党革命家，然而他们那种牌号的共产主义却诉诸中国文化中一种根深蒂固的、强而有力的道德理想主义情调。

---

① 刘少奇《论共产党员》(纽约，新世纪，1952年，Liu Shao-ch'i. *How to Be a Good Communist*. New York: New Century, 1952.)，页15—16。(此书后改名为《论共产党员的修养》——译者注)

第四章　东亚的近代转化

在思想外表上,哪怕毛泽东再更进一步脱离道学的学术,他却仍然继续坚持认为革命的道德是教育中最为重要的因素,他和他的同志们在文化大革命中竟到了允许中国的学校关闭若干年的地步,而且重新开学时,只允许工、农、兵(而不是有专业训练的学者)作教师。所以文化大革命的真正意义乃是它宣扬一种被剥掉了一切文化和知识(无论是西方的,还是中国的)的"赤裸裸的道德"——删除了凡是不由昨天或今天的革命经验所得到的任何东西。对世界的其余部分来说,关闭学校、狂热的红卫兵反复演出不计其数的长征,看起来似乎全然是怪诞的和不合理的;然而对毛泽东和文化大革命的领袖们来说(不管他们的政治动机如何,不管他们为了自己的目的而在持续不断的权力斗争中怎样操纵运动),这些表现可以用来激起个人的道德意志并重新创造出一种革命的干劲。

文化大革命确实是曾大大引用了中国的实用感和道德自足性的一种简单的版本,所以文化大革命也可以看作是古老的集体自我实现的观念在此时此地的返祖现象。长征的姗姗来迟的报酬,并未导致工人和农民有什么物质的天堂,却被变成不断的精神满足的源泉:"赤裸裸的道德"变成了其本身就是目的,而对光辉未来的革命期待已经拖延得那么久,被无限期地挂了起来,它的地位再一次被一种英雄式的现在所取代。在这一过程中,党——它那领导曾被毛泽东一度自诩为使得这场革命比起更早的失败了的农民造反来是史无前例的,而它那集体的纪律则被刘少奇欢呼为远胜于单纯的自我修养——就会为了新的道德斗争而被牺牲,那是被一支自发的、草莽式的红卫兵英雄以反对昏庸无能的党的官僚机构的小心翼翼的方式所推动的。

今天这个阶段也已过去了,它已经被证明只不过是一场革命梦魇的最后发作而已。先锋队现在所进行的并不是一场持久的斗争,而是一种后卫的行动。哪怕主要仍以道德的词句来重行界定一场持续不断的或永远的革命,也很难以应付一场未能实现其原来的工业化与技术现代化的物质目标的失败对于士气的影响了。有名的"土高炉"很可能是土办法、家庭作坊的实用性的一种戏剧性的象征,但是事实上它并没有实现现代化的目标。结果是,中国现在事实上已经放弃了文化大革命的道德斗争,并且——说来奇怪——是以强调"实事求是"、"实用主义"、避免教条的态度等等一场"现代化"过程的术语来重新界定它的目标的。Plus sa chauge, plus c'est la mame chose chinoise.(它越变,就越是同一件中国的东西。)

尽管如此,的确已经变化了的东西是中国从它传统的或革命的孤立状态中走了出来,并且同时还出现了一种新的开放性,甚至是对中国过去的研究。在我看来,这种结合可以允许人们重新进行近代中国和西方一直在进行着的适当的对话,而这一点反过来又将深刻地影响到必定要与中国的任何"主义"的未来有关的一切问题。正如从来都是那样的,中国的命运大部分将取决于它自身的条件,但是这些条件却将日益增长地在东亚的、世界的和全球的未来格局之内加以界定。

在结论中,我回想起乔治·桑逊爵士(Sir George Sansom)①在中国共产党军队于1949年控制了大陆并迫使美国外交官放弃我们(美国)在南京的大使馆之后不久,对我所说的一番颇为曲解的评论。乔治爵士讽刺地指出,美国半个多世纪以来曾一直把所谓的"门户开放"作为自己中国政策的基石,但这是一种什么样的结局。事情的结果却是,只是在我们使自己与这种被排斥相调和之后,并且不再试图像庄子寓言中的"急性"(儵)和"冲动"(忽)那样地去凿中国的窍,这时中国的领袖们才感到可以随他们自己认为适宜与否而开放或关闭他们的门户。在这一点上,他们作为自己家中的主人而不是作为对外界压力或别人应有的庇护的回应者,才能有他们自己的理由来开放门户,甚至是走出来在半路上迎接别人。

---

① 乔治·桑逊爵士(1883—1965):英国外交官,日本学学者。——译者注

第五章 后儒家时代

在本世纪上半叶,西方人所称的"远东",对于那些除了地理上相邻近而外还有着某些共同的儒家文化和使用中国书写体系的民族来说,更以"东亚"一名而为人们所熟知。然而第二次世界大战以后,由于东亚被"竹幕"分隔,它几乎丧失了任何意义上的共同享有的同一性乃至密切的接近。日本和大陆的边缘地带向西方寻求保护和领导,而大陆则沉没在共产主义的浪潮之中。"东方红"——毛(泽东)的颂歌是这样说的,但它只是东方的一半。

在毛(泽东)的全球热望(表现在他思想意识上赞成世界革命)和中国实际上的孤立及其主要是关心国内问题这二者之间,简直没同其他东亚人民进行睦邻联系的余地。事实上,毛(泽东)本人对传统的攻击,更加松弛了中国以往和东亚其余地区的文化纽带。同时在西方,共产党权力的幽灵和中国之庞大这一单纯的事实,则赫然呈现于人们的眼前。"沉睡的巨人"已经醒来了,不管是由于它在世界人口中的巨大份额还是由于它那革命群众的战斗性,中国现在都是一个要加以估计的力量。在这位大陆巨人的阴影之下,他那些较小的邻人在阳光底下就没有什么地位了。

只是随着毛(泽东)的逝世和"四人帮"的倒台,这个阴影才成为过去,东亚才有其本身的地位而不再仅仅是围绕着中国的一串岛屿或半岛。这一点部分地也是中国和它的邻居们的新的贸易和文化关系的产物。更有甚者,它还反映了中国的权力被日本的迅速兴起、继之被东亚其他边缘地区的经济奇迹——尽管它们本身都很小,但集体地在世界经济中却起着不断增长并强而有力的作用——所平衡。

当然,这场令人瞩目的逆转并不是一夜之间就出现的。突然之间赋予这些经济成就以新的惊人重要性的,乃是中国默认——而有时候毛(泽东)的后继者们还是坦率地承认——他的革命纲领并没有能做到早期对革命所提出的种种主张。现在已经被揭露,在所设想的"大跃进"中,中国实际上已经在现代化的竞赛中落到后面了——落后到这种地步,以致它有很多东西既要向西方也要向东亚学习。

对那些从一个更广阔的角度来观察它的人来说,这场戏剧性的转变的一个涵义便是,世上的真正权力和重要地位并不单单是由人口数量和幅员大小来加以衡量的。经济的奇迹,伴随着财富更广泛的分配,伴随着社会、技术和文化的进步,尤其是伴随着教育机会的大量增多,不仅在日本(还只限于它的本岛)而且在东亚的边缘地区也已经一一相继完成了:韩国、台湾、香港和新加坡。与中国大陆相比,这些都是小而又小的;而比起它们的迅速发展来,中国大陆姗姗来迟的现代化就使得中国看起来好像是个步履蹒跚的(如果不再是沉睡的)巨人。幅员广阔并未证明就是通向权力和成功的关键。的确,那现在似乎可以看作是一种障碍。

尽管日本在第二次世界大战中战败,但今天甚至有人宣称日本是这场战争的真正战胜者。凡是记得日本在战前的目的是要建立"大东亚共荣圈"的人,都疑心它是不是已经以和平手段接近于完成它未能以武力赢得的东西。然而在物质方面,日本是一个天赋贫乏的国家,只有少得可怜的自然资源。当然,这一点对于韩国、台湾、香港和新加坡甚至于更为确切。然而在战争的蹂躏之后,于本世纪中期着手建设或重建的东亚地区,却正是那些幅员上和自然资源上的输家,在经济、社会和文化发展的竞赛中倒成了赢家。

分析家们(包括经济学家和社会学家)曾试图解释过去 30 年中这场幸与不幸的惊人逆转,他们越来越转向把各种文化因素当作是关键。在这一过程中,他们——或许并不十分认识到这一点——已经从文化的角度在重新界定东亚的真正意义以及中国对东亚的最重要的关系了。

这一姗姗来迟的认识有一个原因是,直到最近,现代化大体上都是被人从迅速变化的角度来看待的,几乎照例不变地被看作一个革命的过程。很少有分析家停下来想一想,成功的关键倒可能更深刻地植根于社会过程和文化传统之中。今天要认为这些奇迹单纯从本土因素的基础上就可以得到解释,那也会犯同样错误;因为这些成功大大有负于西方、尤其是战后美国的援助和贸易。然而并非所有这种援助的好处,都能转化为东亚民族所曾做到的那么良好的效果;很可能是东亚人从自己过去所带来的文化特性、技巧和训练,使他们能够更充分地利用这些机会。而且,无论他们移民到哪里,他们几乎都能成功地做到这一点,并不只是在他们原来的居住区而已——这就提示着,这类心灵与精神的特性并不仅限于东亚的土壤。

在这方面,进步倒不是认同于民族国家,而更是认同于在传统的民族架构之外的环境中经常表现出自己的能力来的那些民族或集团。唯独在日本,这一结果曾被认同于通常意义上的民族发展;在像香港、台湾、新加坡这类岛屿飞地和其他海外社区中以及在像朝鲜那样分裂的国家中,这种能力也是同样地显著。甚至在西方的城市中心和大学社区里,数量很大的东亚人也正在成功地打入高等教育和上层职业之中,他们表现出了同样的能力。

然而,就我此处的目的而言,我将把自己限于东亚并把焦点聚集在较近所称为的"后儒家的东亚",这个名词所表示的意思是,这些现代化的成功至少在很大程度上都可以归功于传统儒家价值之不断继续的影响。正如我以前描述过的：

> 与亚洲、非洲和南美洲其他地方发展的缓慢步伐相对比，这些国家在迅速现代化方面的戏剧性的成功——而尤其值得注意的是，他们除了自己的人的天赋而外，缺乏巨大的自然资源——已经吸引人们开始注意到东亚各民族共同背景中的一个长期为人所忽视的因素，即通过新儒学而长期共享着的那种思想的和道德的积累过程。在从前，儒家影响被认为是敌视现代化的（而且它毫无疑问对西方化的某些方面是反感的）；可是现在中国、日本、韩国、台湾、香港和新加坡各民族却都受惠于新儒学所培养那种爱好学习、献身教育、社会纪律和个人修养——这一点是可以为人首肯的了。①

"后儒家的"这一概念的流行，无疑大抵来自晚近把西方规定为"后基督教的"，那指的是基督教价值的连续性一直生存在现代的世俗文明之中。然而，这两种情况之间至少有一点重大的不同：基督教仍然有着教会和其他宗教机构为它发言，正如别的大陆上所谓的"世界宗教"的情形一样。而在全世界各大传统之中，惟独儒教今天没有教会、没有教士，而且确实没有任何一种机构的声音来代表它。这样说可能只不过是承认，儒教并不适合传统的"高级世界宗教"的定义而已。在那种情况下，我们当代的普世宗教运动就陷于某种犹豫不定的境地了：尽管这类运动相信，普遍性的原则需要儒教也有代表来参加"世界宗教议会"之类的会议，但又很难找到任何一个人有资格来代表它。就我们而言，这种局面的不便之处就是把"后儒家的东亚"只好委之于一种没有实体的概念。我们到哪里去寻找它呢？

按一切通常的标准，假如有任何儒家存在的话，他们就必须划归为无国籍的人，或者甚至于放进"无家可归"的范畴。对某些人来说，在想到把儒教公开而密切地认同于帝国晚期的昔日皇朝国家时，今天它那

---

① 狄百瑞《道学与心学》，页9—10。

"无国籍"的状态可能并不代表任何重大的损失。而无家可归,尽管并非不适合佛教作为一种"无家可归的智慧",但对儒教来说却完全是一个矛盾。再者,它也使我们处于一种历史的反常状态,而与通常人们所接受的观点相牴牾,即普遍的宗教或高级的传统照例都是由某种组织媒体历代相传,并被某种领袖的精英人物所推动的。没有这些,儒教究竟怎么得以生存下来的呢?——更不用说持续到未来了。

我们已经看到,在传统的时代,儒教有三大制度上的据点,即家庭、学校和国家。在这之上,还可以再加上地方的慈善团体和区域性的行会,它们往往仿照家庭模式,大部分是根据儒家性质的礼仪原则在运作的。我们想想,朱熹本人就特别关心家庭和学校,也极其重视在家庭与国家之间的中间层次上的各种地方合作组织——像是邻里团体、乡约、义仓和地方学校等等,都是服务于社会的和礼仪的以及教育的目的的。

儒教对国家的重要性几乎是难以过分强调的,因为或许正是有负于儒家伦理和儒家学术,中国的皇朝国家才获得其大部分的稳定性和官僚体制的连续性,而与印度皇朝政权相对的不稳定性恰成对照。但是反过来却并非也是同样的正确,比起国家之依赖于儒家,儒家的生存却更少有赖于国家。哪怕是也受到各个皇朝兴衰的影响,但儒家还是有办法生存下去。

这类办法之一就是靠学校。到了近代,哪怕是高级儒家文化的既有形式由于传统的社会和政治精英的减少而遭受磨难,但由新儒家教育的传播所灌输的对学问的尊重,对获得新知识却始终是一个强有力的刺激。即使在教学的内容上有了突变,在人民中间为儒家价值所长期感染的这种根深蒂固的热爱学习,仍然被证明是连续不断的活力和适应性的一个源泉,尽管中国本身甚至出现过"文化大革命"对学问的全面打击。

不久以前,在普遍流行着对儒教的贬斥时,人们广泛怀疑儒教能不能对现代化贡献什么东西。而对相反的论点,则人们置若罔闻。然而近20年来,这种态度有了戏剧性的转变。当人们谈到经济的"奇迹"时,事实上,现代化的令人目不暇给的进步——社会的和文化的以及商业的和工业的——都是强烈地有着教育、尤其是高等教育的迅速兴起和传播的支持的。为了这一点不致于被忽略为或许只不过是国家推动的大规模生产——即由极权政体强迫施行的教育进军的产物——我们应该注意到这场学问爆炸的最惊人的特征就是私人高等教育在日本、韩国和台湾之令人眼花缭乱的增长。民间自发的需求,已经远远超出了国立机构的能力。而这种越来越大的教育需求,凡是临场仔细观察的人们都日益把它们归功于儒家的影响。正如汉城国立大学一位教授解释这种"对教育的热忱"或"教育热"(用他的原话)时所说,它的确有着"在朝鲜文化中的深远根源",其中主要的是这一事实,即朝鲜人"长期受到崇拜文艺和尊重学问的儒家文化的影响"①。在东亚其他的岛屿上,类似的非凡增长也往往被人给予类似的解释。

　　人们一旦认识到传统态度在现代化过程中的坚韧性,于是自然就出现了这个问题:儒家以外的其他传统是不是也起过作用?我已经提出过,神道教、武士道和"国学"以及长期存在的封建传统的存留,都在日本的迅速转化过程中起过作用。佛教影响也是必须考虑到的。然而在这里我认为,这些宗教对东亚各民族在精神和道德上所形成的影响(某些情况中那是相当可观的)与它们具体在学术和教育问题上的作用这两者之间,我们必须做出某些区别。我不否认佛教(或者,在日本是神道教)的精神的与道德的影响,但我认为我们必须追究它们在思想上是否有助于教育的实际形成。随着新儒学的兴起和传播(自13世纪起在中国,14世纪起在朝鲜,17世纪起在日本),它就成为了教育中的统治力量。事实上,世俗教育(有别于宗教生活的修行)大抵是新儒家的产物,即使是在佛家致力于教育的时候(无论是为了俗家的还是出家的目的),这类教导

---

① 钟文石(音译)《教育的热情》,载《朝鲜杂志》第二十六期,页47—48。(Chong Won-Shik. "Zeal for Education." *Korea Journal* 26 (October 1986):47—48.)

的内容一般也还是儒家的。那原因并非是佛家已经永远"脱离了世界",对这类尘世的关心置之不顾了,反而是当他们以更高的宗教智慧回到世界中来的时候,他们很轻易地就使之适应了、而且事实上大抵就采纳了世俗生活的流行文化和模式。从而,佛家重新肯定对世界的关心所采取的形式就往往是要表明,他们是怎样地接受了和促进了儒家的行为和学问的规范,正如他们在佛教于地方上的庙宇和寺院中确实在进行世俗教育的情况下所不同程度地做到的那样。在较近的前现代时期,这种教育绝大部分都是以新儒家的教材为基础的。

可是,在这里我们必须考虑到新儒家教育本身的两种局限。在第四章中,我强调了人们未能达到朱熹的朝着普遍提高人类社会而提供一种普及学校教育的目的。那结果之一就是,中国绝大部分的学校教育都服务于国家官僚政治的需要,而不是整个社会的需要。反之,每个社会中的领袖精英都试图通过地方的首创性来发展它自己的学校和学院以弥补这种缺陷。这种努力看来在朝鲜和日本比在中国更为成功;但是在任何情况下,它都由于那种教育绝大部分是为上层阶级服务的这一固有的局限而深受其害。尤其是中国,在任何这类自愿的和信托性的机构之间的激烈生存竞争中,地方的或"私人的"学院一代又一代地饱经摧残。即使有少数学院能在若干年间设法维持了某种微弱的连续性,也必须反复地加以复兴和重建。大多数的情形是,地方上的家族由于有某些意识到了自己作为文化传统的承担者的作用的学者-教师们赞助,而来创办这件事。①

---

① 近期的例子见科特·多卜菲《作为社会经济发展之决定因素的思想:亚洲对正道的概念》,载《高等学校国家经济研究会讨论论文集》第四十号,圣加伦,1985 年 4 月。(Dopfer, Kurt. "Ideas as Determinants of Socio-Economic Development: Asian Concepts of the Proper way." Diskussions Beiträge no. 40, Forschungs Gemeinschaft für National Ökonomie an der Hochschule, St. Gallen, April 1985.)多卜菲认为,日本的道主要依据神道信条,由一种实用主义的佛教所支持,更有利于变更而不是一种"保守的"、"封闭的"儒教,后者阻碍了中国的近代化。他的论证完全脱离了有关的思想体系的特征的恰当性,而是紧密与中国和日本的国家建设的努力的对比联系在一起的。第二次世界大战后儒教的影响——或者说它缺乏任何可与神道教相比的东西——肯定并未曾阻碍韩国、台湾、香港或是新加坡。

这就不足为奇地把家庭留给了我们作为或许是儒教最为持久的根据地,从而形成一种家庭伦理并刺激了家庭在强烈地要求与推动教育。更有甚者,这一点看来对整个东亚地带的"家庭"或"家族"都是真确的,不管政治和社会组织有什么不同。

在西方的前进及其对各种传统社会的革命性的冲击面前,儒教——尤其是在新儒家阶段当它已深深卷入社会秩序之中的时候——也倾向于被各种传统体制的崩溃所牵连而大受鄙视。它既不能容身于学校和国家之中,同时在家庭中的影响也大为减小。大部分(有时候是错误地)被认同为新儒家家庭体系的东西,在20世纪初期自由和解放的历次运动中都严遭批判;许多古老的习惯都被抛弃了。尽管如此,家庭体系(或者至少是它的某些有生机的核心)对于近代生活的迅速变化和压力却表现出惊人的反弹能力,仿佛是它在强烈苛刻的考验时刻仍然能够提供一种没有任何其他东西所能具有的道德的、情感的和物质的支撑。

鉴于已往的历史,这种反弹能力并不会使人感到惊奇,倒不如说它证实了此前各个时代的经验。我们前面已经看到,在东亚发展的形成阶段,儒教对国家的关系是很有问题的,而且即使是在儒教成为一种国教之后,那关系也还是暧昧的,因为学说往往与国家的实践相对立。何况,皇朝政权的不稳定性,其本身就把儒教置于一种不安全的地位。它经历了这些浮沉变幻而成为中国传统社会规范的化身,即所谓"名教",那是由于它在家庭和宗族生活中有坚强的立足点,更有甚于它与国家或学校的联系。

即使是在佛家宗教统治的第二期,这一点也是真实的和确切的,因为对佛教的主要抵抗来自家庭,其根据的理由是佛教号称与儒家的家庭价值不相容;佛教则否认这种指责,不承认有任何此类意图,甚至竟然宣称全心全意在拥护儒家的家庭价值——尽管这是以它自己的精神杜撰进行补偿的一种说法:即把宗教的优点应用于灵魂的得救。最后,到了第三个阶段,家庭伦理已经被充分强化得成为了新儒家的教导与实践的核心,而朱熹的《家礼》以及《小学》则在大部分东亚地区成了基本的社会手册。因此,长期以这种方式设防的儒教,到了近代就能够通过它在家庭中的据点,在整个东亚传统统治政权已经退位而儒家学校已全盘被西式学问所取代的情况下而生存下去。

然而,在讨论后儒家的东亚时,最为人们强调的价值乃是自我约束、团体忠诚、节俭、自我否定与服从权威——总之,是工作伦理的各种价值和被认为是与权威主义政治结构共生的那些价值。有关日本的讨论,大部分都把焦点聚集在17—19世纪镰仓时期发展起来的那种工作伦理上,它有时候也被描述为"市民儒教"。它往往被人引述作为日本企业成功的一个重要背景因素。然而这种伦理在中国和朝鲜也有它的相应部分,这就迫使我们要估计到它的两个基本特点。首先,许多这类价值在历史上曾经为不同的阶级享有过,尤其是农民;因而就决不只限于商人和市民(即资产阶级〔bourgeoisie〕)。其次,以最一般的语言来表示,这些价值或许最好可以理解为一种儒家家庭伦理的基本价值,它在某种意义上是跨阶级的,不只是在一个经济领域里面运作着,并且像我前面指出的,它已经被证明是适应于各种十分不同的社会与政治体系的。

当我们谈到它对各种不同体系的适应性时,我们必须警惕一种通常的说法,即儒学对一切形式的现有权威都培养一种消极默认(如果不是奴性顺从)的态度。毫无疑问,它有着对权威的某种尊敬,因为一种工作伦理总要以维持一种有秩序的环境为其前提,它必须稳定可靠足以使它的实践者能够在其中滋长。但是正如孙逸仙(孙中山)所发现的,当他试图在传统的中国社会体制与近代西方政治经济行程之间的交界面上进行政治运作时,要把传统的忠诚和纪律适用于一个近代国家与政党的需要,相当不容易。在这个关头,孙(中山)抱怨中国人过分的"个人主义"和首先是对家庭的忠诚——这是很有道理的,因为这类忠诚恰好并不受任何权威性的国家或领袖的摆布。它们是由新儒家基于自我与家庭的优先性的秩序而产生的,那考虑到了人类要求工作与服务的动机——不仅仅是对在上者的权威的消极服从,而是参与共同事业而产生互利的一种积极的认同感。

如果我们理解这种认同感乃是东亚各个社会一种根深蒂固的需要和各大伦理宗教传统的一种共同假设,那么我们就可以欣赏往往是从各种传统学术中所涌现的积极能量而不仅是它们的消极特征。最近《纽约时报》认为很值得报导纽约区韩国移民所谓 gyeh① 组织的工作。这种组织被描述为一种合作集体,它"推进一种已有几个世纪之久的互相信托的习惯,使得千百个韩国移民有可能在市内开办企业,这些企业复活了邻里关系并增加了这个特殊人种集团对纽约已有的冲击。"②这种组织被说成是一种信贷合作会,同时也具有慈善和社会功能。它援引了一个会员的话说,各个家庭聚会到一起,"不光是为了钱",而且是"要看望我们的朋友并交换信息"。他说,一切都有赖"互相信托"和一套"荣誉准则,那是朝鲜人遗产的一部分"。

研究朝鲜历史和社会的学者们会承认,这种组织确实在自己的背后有着一种悠久的传统——这一传统证明是高度接受了朱熹提倡的"乡约"以及与之相伴的强调个人责任、相互尊敬和邻里合作的社会伦理的。③ 要判断这类态度和结社将会在美国城市生活的粗野化中生存得多么好,可能还为时过早;但是至少这个事例帮助我们看到,传统的伦理之中比起只对行使"父家长权威"(此词常常为讨论后儒家伦理的学者们所引用)的大亨们做出单纯秘密宗派式的屈服心态来,还有着更多的东西。

另一个有关的问题是,必须解决儒家伦理对近代资本主义的适应性。这里通常出现两个问题。第一个问题关系到在东亚的工业企业中

---

① 类似中国旧时互助组织"搭会",以救助入会者的急需。——译者注
② 《纽约时报》1986 年 7 月 28 日,页 56。
③ 酒井忠夫《李栗谷与社区契约》,载狄百瑞与金编《朝鲜新儒学的兴起》("Yi Yulgok and the Community Compact." In *The Rise of Neo-Confucianism in Korea*, ed. W. T. de Bary and Ja-Hyun Kim Haboush. New York:Columbia University Press,1985.),页 323—344,尤其是页 326。

常常可以看到所谓"儒家式"对父权主义的驯服性——这一因素有人称赞为有益于效率和生产力,也有人贬斥为导致对工人的剥削。一种强调苦干、节俭和自我牺牲的伦理,对于这两个目的都可以服务。毫无疑问,在许多情况下都出现了严酷的剥削。但是其中也往往包含有一种相互性的成分,哪怕它不很容易被察觉或定量化,并且一种个人与企业及其领导的认同感就由此培养起来了。还有某些人情味的和仁慈性的交替换位,诸如防止解雇的保险,而这些交替换位就使得工作条件至少还过得去,假如他们实际上并没有订立一种持久的和有意义的结社的话。给定了这两种可能性,那么使得难以从儒家的角度做出评估的,就恰好在于今天没有任何人既精通儒家而又有资格代表儒家发言。确实,究竟会不会出现任何这样一位发言人,还始终是个问题。然而在已往,儒教的强点乃是它关注着人的关系;它究竟会不会对劳动关系也说出任何重要的东西,这一点可能被证明是它对近代世界的适宜性的一个考验。

　　第二个问题则是必须要对待资本主义和利润动机。儒家的德行观能与这两者相容吗?这里,人们就往往引证孟子之贬斥利润(利)并提出了正当而合宜的东西(义)来与之对抗。按照这一严正性的高标准,追求德行就排除了追逐个人的收益或利益,于是儒教中就没有功利主义或利润动机的容身之地。这个问题始终是后世儒家思想中的一个中心问题,它这时就倾向于和如下的问题融合在一起,即什么是一个人私人的或自私的利益(私)和什么是共同的或公共的利益(公)。它在后来历代皇朝的局势下,又和原来由法家思想所提倡的态度混在了一起,诸如敌视商业和要求限制商人阶级的活动。如果我们检阅早期儒家的著作,我们可以看到其中并没有这样的敌视。对于孟子和荀子,商业都不是一种罪恶,没有什么东西可以提示商人是要受到法家所加之于他们身上的种种资格限制的。这些资格限制更多地是由商人与官僚阶级的冲突、以及由皇朝国家对经济控制比对经济发展更感兴趣而产生的,倒不是由儒家对商业所固有的任何反感所产生的。

儒家所适用的准则是,为自己个人利益而服务的利润动机要服从于更大的公共好处。就家庭而言,这意味着在亲属之间分享利润和分沾利益,这种态度在传统的中国所起的作用是反对资本积累和企业家的进取精神的,但并未完全排斥它。对儒家而言,这在政府中意味着:官僚政府不应该从事追求利润而以人民为代价,或是运用它的公共职能以谋私利。在实践中,上述做法往往导致商人与官吏之间互相勾结的一种分肥合作,并且还导致一种僵局,使得无论是中等阶级还是政府都受到这样的束缚,无法在其中对经济企业做出积极的推动。

有些观察者从这些事实里就得出结论说,儒家强调共同体而非个人,所以在现代世界中就更符合于社会主义与共产主义而非资本主义。在我看来,这一点最多也只是半真理,并且错过了真正的要点。既然共同体的模型乃是家庭,所以根本的标准就始终是经济活动——包括资本主义活动——是否能为家庭或者(加以引申)整个国家的长远利益和价值而服务。

假如说,那些一下子就跳到了儒家的价值对国家社会主义比对资本主义更有助益这个结论的人看不到这一标准,那么,那些认为所谓后毛(泽东)政权的"资本主义"倾向将必然产生出一种西方型的资本主义的人,也同样倾向于忘掉了这一标准。我的意见是,近来的改革更像是要扶植相对小规模的、家庭型的资本主义,而非西方大规模的公司企业,尽管在晚清的中国、台湾和日本已经表明企业的功能在相当大的规模上可以由扩大了的家庭或多家庭的各种企业来进行。在共产党统治下的中国大陆,预料将会是一种与传统结构并没有很大不同的结构——即大量在地方层次上的小规模、家庭型的企业形态以及国家继续掌握着较大的经济企业的管理和控制。假如我的这一猜测是正确的,那么新的中国的"资本主义"也将会符合传统,即它将比典型的西方品种更少个人主义,或者至少个人的作用是更加放在家庭生活与价值的架构中来看待的。我以为这一点往往被当代观察家们所忽视,他们欢呼人民共和国的新趋势是

"资本主义的",而没有从中国历史和社会的配景之中来观察它们。

有关后儒家的东亚,我们要谈到的另一个主要之点就是这一假设:儒家的社会纪律必然导致它自己走向权威主义的政治结构。强有力的领导的确在某些局势下可以产生为经济发展所必需的政治稳定性,而且我们无法否认,这一点较为符合大部分东亚的情况。但是仅仅强有力的领导是不够的,正如"伟大的领袖和舵手"毛泽东的失败所见证了的。

儒家的价值的坚韧性,可以看作是有助于社会和政治的稳定性;就这一范围而言,我们应该记得附着于儒家传统的那另一个方面,即它总是在详细研究什么是真正领导的性质并表现于"君子"或高尚的人这一概念之中。在这里,着重点始终放在领导对人民和为人民的责任上,并且放在需要有各种协商过程以保证领袖得以很恰当地获得信息和建议之上。我在《中国的自由传统》一书中已讨论过了这一点,但是人们肯定会问,究竟这一点可不可以认为就是一个活着的传统——究竟在那么多的革命动荡之后,它还有没有任何社会现实的基础,如同家庭生活的连续性看来似乎仍然在表现出来的那样。

儒家从来没有组织过政党、领导过革命或夺取过政权。不管儒教究竟是否曾作为一种政治的意识形态,我看不出它在目前的情势下会成为一种政治上的意识形态。它很可能在教育的进程中重新获得某些地位,但是这一点怎样才能转化为政治行动则大抵有赖于信息沟通与集会结社自由的存在和范围。

然而这种局势对儒家来说并非全新的,尤其是对孔子本人和对十分理解他的人来说。回想一下第一章所引的《论语》开头的几句话:"(从政治上说)即使是没有被人认识也始终并不愤懑,那难道不是一个(真正)'高尚的人'吗?"(人不知而不愠,不亦君子乎?)在孔子的眼中,一个人并不一定需要出任公职才能做出公共服务或履行自己的社会责任。[①] 孔子

---

① 《论语·为政第二》第二十一章。

对他自己生活的叙述就表现了一种个人的实践感,尽管政治上他并没有成功。① 朱熹和王阳明也属于那类后期的儒家,他们经历了政治的挫败并给他们的后学们留下了灵魂庄严高贵的一种印象。像这样的人,即使不在位,也可以生活得没有可怕的焦虑感、失望感或终极的困境感。今天无论儒教能否构成为一种新的"儒家"官僚政体,它都不会成为衡量儒教成败的一个标准。

在中国大陆本身,就基本的体制结构而言,我们很可能是面临着一种历史上不可逆转的局势,颇有似于秦汉时期的局势;在那里人们现实主义地所能希望的最好的东西,就是新的国家结构通过它的政府的人道化而进行一场缓慢的、长期的改造。教育就会再度成为关键,它能使某种形式的选举程序随着更多的自由交往而被吸收到基本的模式中来。如果我们把这种唯一的改进前景以现代的术语界定为"具有人道面貌的社会主义",那么这种"社会主义"已经是混杂的,而"人道面貌"则很可以日益分享着一种儒家的人道主义,它对其他人(或许尤其是对其他东亚民族)的政治经验的世界是开放的。

以往,新儒家的领导人都在追问皇朝统治的合法性或皇朝法律的有效性,尽管大多数同意担任官职的儒家都在使自己与这两者和解,把它们当作是生活中无可回避的事实。现在,同样的事也发生在共产党的统治之下。这种相似性最根本地就在于执政党的统治之不容置疑的性质,就像过去的皇朝统治或皇朝法律从来就是神圣不可侵犯的一样。尽管有着要比在议会制或选举制中可以使得一个政府倒台的任何事件都更严重得多的种种失败和浩劫,共产党继续统治却始终是不成其问题的。不管人们可以怎样谈论各种共产党体制的分歧,然而在这一方面这些体制都是一样的:即无论政府的失败有多大,党并不为它承担责任以及通常所包含的辞职及允许另一个党来负起责任。反之,他们是把一个前任

---

① 《论语·为政第二》第四章。

领袖当作替罪羊——在俄罗斯是斯大林或贝利亚,在波兰是哥穆尔卡或盖莱克,在中国是毛(泽东)或林彪,在柬埔寨是波尔波特——然而党,就像皇朝一样但甚至声称具有更绝对的主权,却保持着独裁的权力,甚至于不服从天命。

确实儒家总是感到,重要的在于要对权威有一种明确规定的结构,因为这是一种方法可以表明个人之间所承担的、或皇朝对天以及对自己的人民所承担的不同责任。可是大多数熟悉中国家庭体制的——或者是熟悉在一定程度上受到儒教影响的其他东亚家庭体制的——作业的观察家们,我想,都会承认中国家庭的实际作业带有很大程度上的家庭协商与合作的烙印,而并非单纯是由专制的权威所强加的。我不想斗胆说,这种 modus operandi(运作方式)怎样能够最好地适用于近代政治生活的条件,但是对这种协商传统的真正领会和欣赏至少会警告我们提防任何一种轻易的假设,即儒教必然引导它自己走向独裁统治。对儒家来说,它取决于我们怎样看待权威,以及那种权威的行使通过各种协商过程最后有助于促进人类的尊严和人间企业的活力能有多么好。而这后一点反过来又必须在它的视野之内包括有大地的命运以及儒家传统上包罗在"仁者与天地万物一体"这一概念之中的一切。

只要中国主要地还是一个农业文明,人类与天、地、万物的密切联系在某种程度上就是每个人的日常经验。现在既然中国已经进入了工业和技术的时代,就不仅是那种亲密无间的联系已经被削弱了,而且早期的整体主义的眼光也被污染这一幽灵和人为的环境灾难给蒙蔽住了。

因而在我看来十分明显,正如没有一个民族可以单独地对付这些新威胁,也没有一个人可以希望单纯引用儒家的材料来探索这些早期的视野。对中国,也像对东亚的其他部分一样,处理新的局势将包含一个成长的过程,正如它过去对儒教那样——既要深入分享别的民族、宗教和伦理传统的经验,而现在又要通过更加广泛的对话而超出已往所看到的任何东西。

第六章　东亚与西方：互相追赶

除非双方都同等地而又深深地介入,东亚和西方之间是不可能产生真正的对话的;但是就西方之愿望理解东亚人而言,迄今为止它那全部的努力都还不曾与东亚人的努力相埒。目前提出这个问题来可能是很奇怪的;因为对东亚的兴趣在西方从来没有像今天这样高,而东亚各民族的成就,无论在经济方面还是在文化方面,今天都受到了前所未有的尊重。可是,如果我现在回到第四章一开头所提出的问题——究竟西方是不是需要赶上东亚——那么我这样说,并不仅仅是在这一明显可见的意义上,即东亚现在在某几个经济领域已经超过了我们,而美国要想竞争的话,就必须变得更有效或更精明。我的意思倒更是指,我们还不曾掌握我们与东亚相会合的更深层的意义,或者说还不曾调节好我们这里对旧大陆所发现的新现实。

我们早就跨过了外向的、西向的扩张之最后的边疆(即原来新大陆的疆界),但是我们还没有认识到,我们的新边疆必须不能从更深入到别人的空间里去的那种角度来构想。倒不如说,我们必须学会既和我们自己也和别人共同生活,正如东亚人多少世纪以来一直做着的那样——要更深刻地、更强化地经营我们有限的空间,那更其是指一种"内部空间"

而不是一种开放的边疆或"外部空间"。我们在东方或西方所仍必须完成的任何任务——无论是宗教的、教育的、政治的、法律的或其他任何我们觉得受到召唤要去担当的事业——都必须是瞄准这一现实。可是西方面对这一新的生活事实(这是它长期向外旅行路程的终点),并没有准备好要接受它,同时东亚人却走出他们的世界而进入了我们的世界。

为了说明这一点,让我举出不久以前《华尔街日报》一位专栏作家的事例,他引证了中国这一反面的例子来论证对空间的进取性的开拓和发展。这位作家在一篇题名为《官僚蒙代尔①与美国在空间的未来》的文章中,把华尔特·蒙代尔写成是一个现代的中国官僚,把他比作15、16世纪的中国儒家,他们中止了郑和的航行和中国的海上开拓,正犹如(按他的这种解释)蒙代尔会中止美国的空间开拓一样。② 这位作者引用了这些权威,如"作家-物理学家"康特罗维茨(Arthur Kantrowitz)、李约瑟(Joseph Needham)、罗永邦(Jung-pang Lo)等等来代表他的观点,即在历史的这一关键性的转折点上,中国人走向了一场"普遍的衰落",有一种"精神的衰退"已经压倒了中国人的"学习愿望",并扼阻了"中国人民的性情和精神"。这场逆转和衰落,他并非全然不正确地归咎于"中国保守主义的战士们,即中国官僚们"的影响。

由于政治的和文化的原因,这些中国官僚们仇视珍宝船及其船长们的"外向的"政策。用李约瑟先生的话来说:"珍宝船大舰队吞

---

① 华尔特·蒙代尔(Mondale, Walter):美国民主党 1984 年总统竞选人。——译者注
② 这里,我引用是部分地回答保罗·柯文对于《中国的自由传统》一书的评论。他的评论以《中国古代自由主义质疑》为题,载于《东西方哲学》第三十五期(1985 年 7 月):页 305 至 310。(Cohen, Paul. "The Quest for Liberalism in the Chinese Past." *Philosophy East and West* 35 (July 1985):305—310.)我的回答载同杂志(1985 年 10 月):页 399 至 412,标题为《儒家的自由主义与西方的地方主义》。("Confucian Liberalism and Western Parochialisms." *Philosophy East and West* 35 (October 1985):399—412.)柯文教授对它的回答载同期,页 413—417。

噬了大量基金,在所有思想正当的官僚们的眼里,那应该更好是用之于为农民所需要的蓄水规划或农业资助、常平仓等等。"在他们的影响之下,中国的科学僵化了,而且更糟的是,变得与技术脱了节。而这一点,即科学与具体技术携手并进的伙伴关系,就正是给了西方文明以它那保持至今的优势的东西。①

我们无须使自己牵涉到这里所得出的政治结论,但我们倒是需要观察一下这位作者一笔勾销了所谓儒家官僚的道德立场的那种态度:

> 对于我们不再能负担大规模空间开拓的论点,我要答复说,回顾已往就可以表明,废除明代的海军乃是真正的浪费,……在明代的中国,有人由于压制海军而登上了舞台中心。压制者在两种情形下都宣称自己道德的优越性,并且十分经常地能够掩盖创造性的技术在解放和提高人类方面的巨大作用。
>
> 在郑和与珍宝船队300年之后,有一个中国统治者的确建造了一艘颇为动人的船舶,一艘由坚固的大理石做成的尺寸十足的船只②。如果我们现代的官僚们也去办事的话,我们就可以有一艘大理石的空间穿梭船摆在休斯顿——你知道,这是真正能打动俄国人和日本人的东西。③

假如不是这篇文章激发了人们对中国皇朝的最难以磨灭的形象之一——即北京附近颐和园的大理石游艇,那确实是向中国所有的来客都表明了传统秩序之价值颠倒的典型——那么这篇文章只不过是过眼烟云而已。我想要挑出来的是这种轻易的假设,即儒家的立场也可以由于

---

① 杰克·基尔凡《官僚蒙代尔与美国在空间的未来》,载《华尔街日报》1984年10月23日。(Kirwan, Jack. "Mandarin Mondale and U. S. Future in Space." *Wall Street*, *Journal*, Oct. 23, 1984.)
② 此处系指慈禧太后在颐和园所建的石舫"清晏舫"。——译者注
③ 杰克·基尔凡《官僚蒙代尔与美国在空间的未来》,载《华尔街日报》1984年10月23日。(Kirwan, Jack. "Mandarin Mondale and U. S. Future in Space." *Wall Street Journal*, Oct. 23, 1984.)

简单地指出同样荒诞的例子来加以处理。这是一个假设,它由于如下这一主导着全文的观点而显得振振有词,即儒家显然走错了路,他们没有能够坚持"扩张精神与企业精神",而且他们是如此之陶醉于自己的道德优越性的观念,以致于看不出科学和技术有什么用处——这肯定是一种非常巨大的过分简单化。

这里我不想论证应该是赞成还是反对蒙代尔那种被人认为对"星球大战"的"自由主义的"立场(这种观点在一种更根本的意义上,可以被认为是与扩张观点相对立的保守观点)。我所关注的倒是另一个问题:在这里谁是短视和狭隘的以及谁才是现实主义的?现实主义在我看来,就要求我们严肃地质询对大地上的人与自然资源的一种无限扩张和榨取的政策,而不只是把这种思想当作早已被中国历史所推翻了的东西来抛掉。这里作为对人类事业的一种更为开放和扩张的观点而被提出来的东西,实际上却很可能是一种非常之狭隘的局部的观点。

除非我本人的观点被误解为是在号召限制思想或科学的视野,否则我所看到的需要毋宁说是对我们所在的地方、对我们所由此出发去迎接全球性挑战的基地,要有一种更好的意识。随着对学习与成长的新可能性的领会,以及开拓它们的先决条件,我们在运用现有资源(无论人力的或物力的)时,就必须对方向、对格局、对恰当过程以及对审慎的速度有一种意识。

这种观点的保守性质并未超过其自由主义性质,因为在手段上的保守并不排斥自由主义的目的,而且还确实是促进这类目的的唯一实际的方式。它也并没有忽视这种可能性,即对基本人类价值的实际的现存危险,在某些局势下甚至可以号召来先知般的眼光和激烈的行动。这类选择即使在那些被认为是严格限定的局势之下也会存在的,正像在儒家世界的有限视野之内既有自由主义的又有保守的倾向、既有学者的又有先知的声音一样。然而它确实意味着接受了这一观点,即除了乞援于手段的宽容博大、对物质资源的榨取或征服空间而外,自由也还可以在其他的地方找到。当我们被迫要向人类精神的内部能力汲取得更深的时候，对真正的自由与创造性的发现，就仅出现在有限制性的格局之中。确实，难道我们在目前流行着的亚洲传统艺术之中不是已经亲眼看到了这类解放的可能性吗？——无论是武力的、文化的或思想的，它们恰好是在明确界定的格局之中对于自我驾驭能力和更深刻的精神创造性的挑战。

同样，在社会秩序之中，一种真正更加开放的和世界性的——或许我应该说是星际性的——看法，可能需要对我们的根本责任有一种更为儒家化的观点。它必须应该考虑，在一个迅速的、而且简直是强迫性的变化的世界里，我们最为根深蒂固的问题可能并不是在对任何给定的人或地区社团的责任那种意义上缺乏任何狭隘的忠诚。我们所需要的并不是要去征服新的世界、星球大战以及那一切的东西，而是一种新的地球的或行星的狭隘地方主义。正像儒家所做过的那样，这应该从自我反省和自我约束开始。意识到万物之间的内在联系性，以及个人自我在这一相互依存的世界之中的地位——这种观点就应该发展出来一种对人对己的同等责任感以及对维持生命的环境的相互支援感。这就会提出这样的问题：什么是我们不能做的，什么选择是我们要自愿摒绝的，什么限制是我们出于对我们的大地、我们的同胞以及未来世世代代的福祉的关切而要接受的，否则未来的世界就要因我们对大地污染、资源枯竭、遗传紊乱等等罪恶而受苦受难了。

有鉴于我们已往的历史，我们十分自然地要规划未来向外层空间的无限扩张——正如当代征服者们所说的要"征服空间"，既然现在他们已经放弃了再唱："前进，基督教兵士们"这首歌。但是当我们思考到这样一种无穷无尽的而又无目的的冒险时，我们就应该停下来再考虑一下，它到底是否表明了要控制除了我们自身而外的一切事物的一种强制性的冲动，以免我们长久地停留下来只是发现自己巨大的内心空虚。假如把我们推向这种难以置信的统治野心的并不是骄矜横傲，那么它就很可能是缺少任何真正的自我满足。既不能与我们自己和平相处,又不能与世界达成妥协(像儒家所说的,"对自己负责",也对影响别人生活的一切行为负责),于是我们就被一种日益加深的沉醉所驱遣着,那是一种虚幻的观念,认为成功与满足必定恰好就在天边的某个地方。天文学家萨刚(Carl Sagan)尽管在政治上与星球大战的捍卫者们处于相反的极端,却正是这样坚持着要把使人登上火星当作我们国家的目标,否则我们就丧失对伟大成就的动力了——就仿佛没有什么事业、没有什么迫切的人类需要,同我们在地球上的家结合得更紧密,能够驱使我们去注意或是值得我们最高贵的热望似的。

我们在日益增长着的希望的"高度"上、在不断加速的化石燃料的动力的"速度"上、在广告宣传着出售给我们的全都是吹嘘成"销魂的"、"惊人的"、"不可思议的"或"举世无双"的东西而刺激得我们已经精疲力竭的物欲中,已经生活得那么长久;以致于看来似乎正常而又自然的就是,整个社会都靠信用卡和不平衡得出奇的国债度日,把越来越多的美元投在得不出定量解答的各种问题上,哪怕是冒着脱缰的通货膨胀和终于是灾难性的崩溃的危险。

的确有人在呼号"世界停下来吧,我要下车";另有人想到要在禅院里或在一种超感的沉思中打坐终生(就这一点而言,至少是承认东方如果没有对这类精神失调的止痛剂的话,也还是有解毒剂的)。但是更多的人则是像中国小说《西游记》里的那个猴子的角色。正像这个故事说的,猴王有野心要攫取玉皇大帝的宝座,但佛祖阻止了他。为了解决这个问题,他们同意打赌。假如猴王能跳出如来佛的手掌,他就可以得到宝座。"猴王自思自想。'这个佛祖是个十足的呆子。我能跳十万八千里,他的手掌还没有八寸宽,我怎么能跳不出它去?'"①(那大圣闻言,暗

---

① 亚瑟·魏莱译《西游记》(伦敦:乔治·阿伦与昂温出版社,1942年。Waley, Arthur. *Monkey*. London: George Allen and Unwin, 1942.),页75。

笑道：'这如来十分好呆！我老孙一筋斗去十万八千里。他那手掌，方圆不满一尺，如何跳不出去？'）

猴子尽力地跳，如此之快地飕飕跳过去，以致佛祖用慧眼观看他，也只见到一道飞影。于是：

> 猴子最后来到了五个高耸入云的粉红柱子前。猴子自言自语说："这就是世界的尽头了。我要做的事就是回到佛祖那里，要求我的赌罚。宝座就是我的。"他马上又说："等一等，我最好是留下一些记录，以防跟佛祖闹麻烦。"他拔了一根毫毛，吹一口仙气，叫声"变"。它马上变成了一支毛笔，沾满了墨汁；于是他在中间那根柱子的底下写道："齐天大圣来到了这里。"然后要表明他的不恭敬，他就在第一根柱子的下面撒了尿，然后又翻跳回到他所来的地方。他站在佛祖的手掌上说："好，我已经去过，又回来了。你可以去告诉玉皇大帝把天宫交给我。"佛祖说："你这个骚猴子，你一直都在我的手掌上呢。"猴子说："你全弄错了，我到了世界的尽头，看见了那里有五根肉色的柱子耸入天空。我在一根柱子上写了点东西。假如你愿意，我可以带你去，指给你看。"佛祖说："不必那样。你只消低头看看。"猴子用他的火眼金睛瞧下去，就在佛祖手上中指的下面他看见写着这些字"齐天大圣来到了这里"，而且在拇指和食指间的叉处传来一股猴尿的气味。他过了一阵才从惊讶中醒过来。最后他说："不可能，不可能！我是写在高耸入云的柱子上的。它怎么跑到佛祖的手指上来了？他向我在施行什么魔法了。让我回去看看。"好猴子！他蹲下去，正准备再跳起来，这时佛祖转过头去，把猴子推出了西天门。①

"大圣行时，忽见有五根肉红柱子，撑着一股青气。他道：'此间

---

① 亚瑟·魏莱译《西游记》(伦敦：乔治·阿伦与昂温出版社，1942年。Waley, Arthur. *Monkey*. London: George Allen and Unwin, 1942.)，页75—76。

乃尽头路了。这番回去,如来作证,灵霄宫定是我坐也。'又思量说:'且住!等我留下些记号,方好与如来说话。'拔下一根毫毛,吹口仙气,叫'变!'变作一管浓墨双毫笔,在那中间柱子上写一行大字云:'齐天大圣,到此一游。'写毕,收了毫毛。又不庄尊,却在第一根柱子根下撒了一泡猴尿。翻转筋头云,径回本处,站在如来掌内道:'我已去,今来了。你教玉帝让天宫与我。'如来骂道:'我把你这个尿精猴子!你正好不曾离了我掌哩!'大圣道:'你是不知。我去到天尽头,见五根肉红柱,撑着一股青气,我留下记在那里,你敢和我同去看么?'如来道:'不消去,你只自低头看看。'那大圣睁圆火眼金睛,低头看时,原来佛祖右手中指写着'齐天大圣,到此一游。'大指丫里,还有些猴尿臊气,大圣吃了一惊道:'有这等事!有这等事!我将此字写在撑天柱子上,如何却在他手指上?莫非有个未卜先知的法术。我决不信!不信!等我再去来!'好大圣,急纵身又要跳出,被佛祖翻掌一扑,把这猴王推出西天门外。"

(《西游记》第七回　八卦炉中逃大圣　五行山下定心猿)

猴子终于只好放弃他征服世界的野心,顺从于那位谦卑的、沉重跋涉的朝香客(唐)三藏的约束和指导,以求获得圆觉。我要撇开在这里做出任何寓言的诱惑。我并不想要把猴子等同于自高自大的西方或把三藏等同于东方的智慧,仿佛两者是相互对立的而不是相互补充的(有如原来《西游记》所说的那样)。我也不想对那些把自己的令人厌恶的污染带到宇宙尽头的空间征服者们进行道德说教——或许当它并不令人厌恶时,正因为不易觉察,也就更加险恶。我倒是要把自己限于这一说法:不管我们在空间中横冲直撞到多么远,即使没有一个人"把我们推出天门",我们仍然必须是回到大地母亲的怀抱里,并且面对这里留下来的种种没有解决的、无可回避的问题。

我们可能必须以夏元吉的儒家眼光来观看这种局势,夏元吉是明代永乐皇帝的财政天才,他为郑和的航行提供了后勤支援。夏(元吉)对于这一思想是开放的,即这些航行可能开拓未知的土地并扩大中国经济的天地;他不是一个闭关的头脑。然而终于在衡量了以巨大的人力耗费只换取过眼烟云般的报偿之后,他就反对继续航行了,并且不惜坐牢、确实甚至是冒死提出了他的抗议。要是在西太后的石舫里,他就更加会多么地不能沉默!

早在11世纪,儒家就面临着许多这类的问题,尽管与我们今天所必须面对的问题规模和复杂性都不相同。我们曾经看到,宋代文明已达到了用它的新技术可以十分合适地解决它的各种迫切问题的地步(应该注意到,从人口上说已是近代的比例)。胡瑗认为,在教育上需要用儒家经典的人文价值来指导对更加集中的政治权力和他当时可以利用的巧妙技术的应用。因此,他的课程就包括有对基本原理的经典研究("质")和对实际应用的技术研究("用")。朱熹则从自己的角度对他的人性与道德心灵的哲学进一步发挥了"质"的方面,而尤其是在他的宇宙论里,把人的道德意识看作与天地所赋予生命和维持生命的权力是同轴的。

如果说朱熹作为一个哲学家,认为把他的人性哲学放在这样一种宇宙论的基础上是有着根本意义的,而并不简单地在假设人是一切事物的尺度①,那么作为一个教师,则他认为教育应该集中在自我和家庭上也是同样极其重要的。当一个人从那个中心发挥出来,训练并施展了自己的力量,他就可以为了人道的企图而负担起不断扩大着的事业和机会。

在这种格局里,人们将比较容易理解19世纪的新儒家们虽然对西方的威力和技术印象至深而且被迫要与之达成妥协,但仍然抱有严重的、迟迟不决的犹豫。一个人怎么能够追逐威力和技术这种貌似无限的发展,而不过问道德中心有什么相当的概念能使这些离心力就范,或者把它们引向传统上以"仁者与天地万物一体"所总结的那些人文目的呢?(也就是说,对一切事物的感受,就仿佛它们是你自己的血肉。)

---

① "人是一切事物的尺度",为古希腊哲学家普罗泰戈拉斯(Protagoras)语。——译者注

有些东亚人仍然在寻找这一问题的答案,而另一些人则早就甚至连问也不问这个问题了。许多人一味追随西方的主潮,那在西方却日益表现为在处理严峻的社会问题时,自我约束和道德指导已不再被当作是可以接受的选择。毋宁说,西方的解决办法往往看起来似乎是出之于非个人的、机械的办法——物质诱因、法律制裁、刑罚制度——它们已经被证明是无效的。耗费的金钱越来越多,而对人类精神深层问题的注意却越来越少——这只能是导向破产。

当然,"西方"也还有另外的一面,它与这种主潮成为有意义的对比,并提供了某种把它逆转过来的希望。这一点最好是认同于环境保护运动,当它还没有使自己走到最终的意识形态的目的时,它就已经表现出来了令人瞩目的动力而成为插进政治光谱中的一种基本努力。尽管它尚远未达到它的更大的目标,短短几十年内在减少空气、水和大地的污染(尤其是烟雾)方面所已经取得的成就,乃是一项重大的胜利。这些收获大部分都是由自愿的教育努力所造成的,只不过有最低限度的法律强制性(而且更加严格受控的和计划的社会并没有做什么事)——这一事实是西方民主国家群众运动的首创性和领先性的一大荣誉。

具有讽刺意义的是,既然东方哲学以"自然神秘主义"的形式往往被看作是对这类运动的一种鼓舞力量,我们便有了一个明显的悖论:西方以其文化的与政治的多元主义接受了东亚传统的某些方面,而现代的东亚几乎是带着一种复仇心理经历了工业化和商业化之后,却在控制污染的斗争中落后了。于是在这方面,东方与西方的会合和交融就已经走到了这种地步,即现代的东亚可能需要赶上在西方所体现出来的某些东方最好的传统。

看来似乎更成其为悖论的是中华人民共和国所表示出来的官方警告,它是正式承认一种唯物主义的哲学的,而且现在被公认在随着一种"实用主义的"政策,却又指责源自西方的道德堕落和精神污染具有危险。有些观察者会把这打一个折扣,认为其更真实的计划是要抑制人民对生活中美好事物的被压制的愿望。我们肯定不能把这一点(作为一种潜意识的动机)排除在外。党的领袖们在没有能履行原来革命的许多许诺之后——做出这些许诺是要论证一党专政应该取得政权——他们现在就寻找各种新的论证可以诉诸民众的偏见,包括老式的原教旨主义的(fundamentalist)道德。于是他们就用保卫传统美德来作为保存他们自己权威的一件外衣。

但是,要认为除此以外就没有别的还成为问题或没有别的在起作用,那就错了。若干年来在大多数的亚洲国家,无论是右派的或左派的代言人、现政权的分子或反对现政权的分子、"文化大革命"的激进派还是更温和、更世俗的社会主义者(比如新加坡的李光耀,他像自由主义者尼赫鲁①在过去一样地苦思冥索着看来"西方化"会带进来的道德腐化),都表示出类似的疑虑和恐惧。

这类警惕并不仅仅代表亚洲对西方的顽强的防卫行为。同样的恐惧也困扰着西方自身。作为这种情绪的一份特别贴切的表现,让我在结论中引述李奥耐·特里林②临死前所写的一篇文章,其中他力图把我们所认为是全球性弊病的东西,诊断为一个美国的问题。

> 如果我们考虑到重建传统人文教育途中的路障,那么可以肯定说,最为有效的阻碍作用莫过于我们的文化倾向于把单纯的冲动能量看作在心灵和道德的每一方面都等同于、甚至高出于规定的意图了。作为这种倾向的例子,我们可以谈到在西方文化中曾一度很突出的一种思想的命运,即"创造一种生活"的思想,那意思是指把人生的存在(自己的和别人的)构想为仿佛它就是一件艺术品,人们可以对它加以品评,根据既定的标准来评价它。
>
> 这种要塑造、要形成一个自我和一种生活的愿望,几乎完全从

---

① 尼赫鲁(Jawaharlal Nehru, 1889—1964):印度独立后第一任总理(1950—1964)。——译者注
② 李奥耐·特里林(Lionel Trilling, 1905—1975):美国文艺批评家、小说家。——译者注

当代文化中消逝了,当代文化的重点,说起来真够自相矛盾的,乃是有着太多的自我。……这种局限一旦成为可以接受的,就要反对文化的收成了——它简直仿佛是当代世界的流动性在要求从我们个人的角度上也有一种类似的无限制性。任何学说,关于家庭的、宗教的或学校的,凡是不能维持对选择的多重性这一日益为人所感受到的需要的,而是反之提供了一种已塑造好了的自我、已形成了的生活的,则那上面便带有一种倒退的和腐败的权威的迹象,人们感到那是必须加以抗拒的。

对于任何一个关心着不论是哪个层次的教育的人,现代文化在社会理想主义(甚至于政治的自由主义)与个人流动性——即一个不受任何旧式束缚的自我——之间所起的同化作用都是重大的,正如它对于改正的顽抗。在当代世界妨碍着总结有关过去的人文主义传统的教育理想的各种因素中,我觉得这一点是最有决定意义的。①

如果特里林在这里似乎对 60 年代的反文化趋势的偏差及其极力要摆脱传统的一切束缚感到焦虑的话,那么在那个时代刚刚开始的逆流中也还会有很多人,他们的激进主义更其是道德的和精神的而非政治的,他们竭力追求塑造一种人生、界定一种自我,而那个时代恰好是他们前辈的容忍性并没有向他们提出什么真正的挑战或者可靠的指导的。那些日子里常用的咒语"不决定就是决定",在缺乏有说服力的证据可以据之以做出决定时,往往可能被人滥用,但是它并不反映特里林所说的"个人的角度上的无限制性"的那种意识。

在这种局面下,传统就会显得失效了;而青年人在一个告别了任何有意义的过去的世代里,就很容易忽视历史的要求。在这一点上,在 10

---

① 李奥耐·特里林《人文主义教育不确定的未来》,载《美国学者》1974 年至 1975 年冬季号:56—57 期。(Trilling, Lionel. "The Uncertain Future of Humanistic Education." *American Scholar* (Winter 1974—75):56—57.)

年之后的1986年,李采克·柯拉科夫斯基①作为特里林的杰弗逊讲座的后继者之一,关于历史自我理解的性质是这样说的:

> 在前工业化的各种社会里,受教育(乃至没有受教育)的人们,他们的历史知识虽然很少,却或许比我们更加有历史意识(在我此处所说的那种意义上)。他们所生活于其中的那个历史传统是由神话、传说和口传的故事织就的,而其实质上的正确性则往往多半是可疑的。然而它却足以在一种连续不断的宗教的、民族的或部落的社团之内赋予他们有一种生命的感觉,提供他们以一种使得生命井然有序的同一性(或者说"有意义")。在这种意义上,它是一种活生生的东西,并且它教导人们何以以及为什么要负责,而且实际上应该怎样把这种责任担负起来。……但是任何一个对青年人精神的脆弱性感兴趣或耽心的人都不能否认,一种由历史所规定的"归属"感的腐蚀作用,给他们的生活造成了破坏并且正在威胁着他们抵抗未来可能考验的能力。②

柯拉科夫斯基也谈到近代世界中的个人权利问题,他说它们"唯有在这一假设之上,即存在着有一个不是从生物学的角度上而是从道德的角度上可以被界定的个人现实的领域",才是可以辩护的。"它们必须是根据道德的理由来加以辩护,正如它们的贯彻有赖于政治的条件。"③

儒家会抵制这里的这一道德的与生物学的二分法的,但是特里林和柯拉科夫斯基两人在教育中所看出的那种解决危机的关键——即与过去进行对话——早在公元前6世纪就已经是孔子教义的中心了,并且在以后历代儒家与其他传统和文化相接触时所进行的对话中始终都是如

---

① 李采克·柯拉科夫斯基(Leszek Kolakowski,1927—):英籍波兰哲学家。——译者注
② 李采克·柯拉科夫斯基《政治崇拜》,载《新共和》1986年6月16日。(Kolakowski, Leszek. "The Idolatry of Politics." *New Republic*, June 16, 1986.)
③ 李采克·柯拉科夫斯基《政治崇拜》,载《新共和》1986年6月16日。(Kolakowski, Leszek. "The Idolatry of Politics." *New Republic*, June 16, 1986.)

此。日本人特别把那种对话置于一个多文化的格局中,并使它对新的影响保持着开放。在那方面,日本的多元主义及其形成一致意见的天才,就最好地代表了东亚文明的国际尺度;尽管日本和美国在面积上有巨大的反差,但却最接近我们美国自己那种向外的冲动,要把新经验吸收到一个仍在形成过程中的文化里面来。

我相信我们正在进入我们发展中的一个新的而又是严格收缩的阶段,它将与此前近代生活的突进正好相反,乃是强迫我们首先要照顾自己内心的空间——自我反省、家庭亲密、邻里关怀和对我们自身生态环境的责任——然后才是外层空间。假如我在这一点上是正确的,那么我们从佛家和新儒家的经验里就有很多东西可以学习,尤其是从朱熹那里,他努力规定旨在"塑造自我"——用他的话说,是"为了自己而学习"(学者为己)——的一套教育课程作为一种人生形态,在那基础上就可以奠定一种公共哲学。

朱(熹)的课程模式——从个人阅读并对照经典开始,继之以研究主要的历史,并继续毕生讨论价值问题和当前问题,还有胡瑗所认为是必需的技术专业化——今天仍然是值得考虑的。"经典"应该是更广泛地代表各种主要的世界传统;"宇宙论"应该包括我们现在所知的更广阔的宇宙和地球的起源;"历史"必须加以扩充,包括生物的和文化的进化在内;而"当前问题"也需要赶上时代,但是朱(熹)的路数在本质上仍然不失为一条有效的路数。作为与今天所如此之被强调着的专门的和职业的训练相平衡的一种核心课程的模型,它可以很好地与大多数学校事实上的必修课相比拟,甚至于能更好地与许多大肆宣扬的研究所的必修课相比拟,这些研究所着重地在宣传它们学习路线的全盘灵活性。然而这样一种规划会被公认是超过了大学的年限的。今天一种真正人文的或通才的教育,只能被设想是一种终生的事业,从大学年代开始,但要继续到研究院或职业学校以及成人教育。

朱(熹)承认与阅读和研讨书籍的同时相伴随的精神和道德训练的

迫切需要。我们今天所面临的危机甚至比他当时的更为严重,并且更加有致命的威胁——这种危机包含在新技术对灾难性的毁灭和对极权主义的控制这二者的潜力之中。不激起个人的动机并引发人类与这二者相抗衡所需要的人文能量——换句话说,不经过一场真正的宗教革命而进入人类精神能力的深处——就没有一种教育计划能够对付这些挑战。这里所讨论的文明四个阶段中的每一个,都是被这样一场内心的革命所鼓舞和维系的,同时又是建立在前一个时代的物质和精神的资本之上的。我相信,这一点对于世界文明的下一个伟大的时代将是同样正确的。没有一种新秩序不汲取过去的遗惠是能够持久的;但是也没有一种传统,无论是儒教的、佛教的或基督教的,在全球斗争的经验中是不加改造就能生存下去的。

对东亚的研究往往被人看作是一种更大的国际教育的一个方面,这种国际教育乐观地在期待着新的和扩大了的视野、意识的提高、全球的警觉性以及其他对未来的宏伟的看法。但是随着我们越发深刻地意识到我们各种问题的、我们现在正在对地球造成损害的责任的、我们已经把未来的世界置于危险之中的那种全球性的规模,我们的教育就不是讨论普遍的价值或抽象的"人道",而必须集中在某种更具体的事情上——集中在我们能在个别人身上所发现的最好的范例上,他们在他们各自的时代努力负担起他们的责任,行使了他们做人的自由,在面对着这类困境时做出了关键性的决定和困难的抉择。特里林和柯拉科夫斯基忧虑着现代文化中对自己和自己行为可能承担责任的任何意识受到腐蚀。我希望我在这里从东亚的经验中已经提示了少数几个例子——它们现在是我们人类共同遗产的一部分——可以在这种局势下帮助我们认识自己,并提示我们针对目前和未来的繁重挑战可以怎样开始更为适宜地塑造新的自我。

索引(数字指原书页码)

Academies(shu-yüan),91,112　　　　　书院
Analects,2,4,5,6,35,48,52　　　　　《论语》
Authoritarianism,119　　　　　权威主义
Avalokitesvara(Kuan-yin,Kwannon),24　　　　　阿婆卢吉低舍婆罗(观音,
　　　　　観音)

Backyard furnace,103　　　　　土高炉
Bodhisattva,24,35,48　　　　　菩萨
Book of Documents,1,11,57　　　　　《书经》
Book of Odes,1,11　　　　　《诗经》
Bourgeois Confucianism,114—115　　　　　市民儒教
Buddhahood,23,38　　　　　佛境
Buddha-nature,38—39　　　　　佛性
Buddhism,13,21—42　　　　　佛教
Bulguksa Temple,36　　　　　佛国寺
Bushidō,78,111　　　　　武士道
Capitalism,116—118　　　　　资本主义
Ch'an(Zen) Buddhism,37—42,45,51,58,65,94　　　　　禅宗
Chang Kwang-chih,93　　　　　张光直
Chang Po-hsing,85　　　　　张伯行
Chang Tsai,83　　　　　张载

127

Charter Oath of Meiji emperor, 78	《明治天皇誓约》
Ch'en Chien, 87	陈建
Ch'eng brothers, 52	程氏兄弟
Ch'eng-Chu school, 90	程朱学派
Cheng Ho, 73, 124—125	郑和
Ch'eng I, 48—49, 57, 95	程颐
Ch'en Hsien-chang, 85, 89	陈献章
Chih-chih (extension of knowledge, or knowing), 54	致知(知识或认识的扩充)
Ch'in dynasty, 15	秦朝
Ch'ing dynasty, 65, 71, 84	清朝
Chin-ssu lu (Reflections on Things at Hand), 52, 82, 83	《近思录》
Chou dynasty, 2, 15	周朝
Christianity, 70, 72	基督教
Ch'üan Tsu-wang, 82	全祖望
Chu Chih-yü, 60	朱之瑜
Chu Hsi, 49—66, 69, 76, 81—82, 85—87, 95, 116, 120, 131, 137	朱熹
Chung yung. See Mean	中庸
Chun-tzu. See Noble man	君子(见高尚的人)
Chu Tzu Chia-li (Family Ritual of Master Chu), 58, 114	《朱子家礼》
Civil service examinations, 41	文官考试(科举制)
Communism, 97—104, 118—121	共产主义
Communist Party tutelage, 97	共产党领导
Confucius, 2—6, 8, 14	孔子
Consensus, 28, 34, 79—80	和
Constitution of 1889 (Meiji), 78—79	明治天皇1889年宪法
Cultural Revolution, 102—104	文化大革命
Desires, 12—13	欲
Diamond Sūtra, 38	《金刚经》
Discussion, 31—32, 79	辩
Dynastic rule, 14	王朝统治
Education, 51, 62, 85—87, 90, 110—113	教育
Egalitarianism, 4, 39—40, 59, 93	平等主义
Eightfold Path, 22—23, 45, 54	八正道

Eight Steps(pa t'iao mu) of Great Learning, 54, 56	《大学》八条目
Elementary Learning. See Hsiao-hsüeh	《小学》
Empathy(reciprocity, shu), 6	恕
Emperor Wu, 36	武后
Emptiness, 24, 32	空
Enfeoffment system(feng-chien), 8—9	封建
Enlightenment, 30, 37, 40	启蒙运动
Ennin, 43	园仁
Entrepreneurship, 118—119	企业家精神
Environmental movement, 132—133	环境保护运动
Ever-normal granary, 19, 125	常平仓
Examination system, 47, 60, 62, 82	考试制度
Exodus, 70, 77, 95	《出埃及记》
Family, 14, 20, 95—96, 109, 113—116, 118	家
Fan Chung-yen, 48	范仲淹
Feudalism. See Enfeoffment system	封建主义(见封建)
Fiduciary community, 6, 30	信托社团
Four Books, 52, 58, 60, 62, 76, 86, 87, 88, 101	《四书》
Fung Yu-lan, 2	冯友兰
Future, 94—96	未来
Gandhi, 99	甘地
Grand Commonalty(Ta-t'ung), 88, 96	大同
Great Leap Forward, 106	大跃进
Great Learning(Ta-hsüeh), 52—56, 81, 101	《大学》
Gyeh(Korean cooperative association), 116	(韩国合作组织)
Han dynasty, 15—20	汉朝
Heaven, 13; Heaven-on-earth, 13, 20; ranks of, 3—4; and earth and man, 16, 29; imperative of(t'ien-ming), 71	天；天与地；天爵；天、地、人；天命
Hideyoshi, 71, 73	丰臣秀吉
Hsiao-hsüeh(Elementary Learning), 58, 114	《小学》
Hsiao Kung-Ch'uan, 91	萧公权
Hsia Yüan-chi, 73, 130	夏原吉
Hsin-fa(message or method of mind), 57	心法(心灵的信息或方法)
Hsin-hsüeh. See Learning of the Mind-and-Heart	心学

Hsin min. See Renew the people   新民

Hsiu-shen chih kuo(cultivation of self and ordering of state),56   修身治国

Hsiu-chi chih-jen(governing men through self-cultivation),56,81,84   修己治人

Hsun Tzu,9—13,17,117   荀子

Huang Tsung-hsi,82,85   黄宗羲

Hua-yen Buddhism,36—37   华严宗

Hu Chü-jen,87   胡居仁

Hui-neng,38—39   惠能

Humanity(humaneness,jen),5,6,7   仁

Human mind and mind of the Way(jen-hsin tao-hsin),56—57   人心与道心(人心道心)

Human nature,9,12   人性

Huo-jan kuan-t'ung(breakthrough to integral comprehension),55   豁然贯通

Hu Yüan,47,48,82,131   胡瑗

Investigation of things,54,83,101   格物

Jansen,Marius,79   詹森,马留斯

Jen-hsin tao-hsin. See Human mind and mind of the Way   人心道心(见人心与道心)

Journey to the West,129—130   《西游记》

Kaibara Ekken,61   贝原益轩

K'ang-hsi Emperor,65   康熙皇帝

K'ang Yu-wei,88—97   康有为

Kempō(Constitution),27,33,78—79   宪法

Khubilai,60   忽必烈

Kojiki,33   《古事记》

Kokutai(national substance or polity),83,88,93   国体(国家的实质或体制)

Kolakowski,Leszek,135   柯拉科夫斯基,李采克

Korea,25—26,36,56,59—63   朝鲜

Ko wu. See Investigation of things   格物

Kūkai,35   空海

Land system,9,17—18   土地制度

Lao Tzu,94   老子

Law(systems, method, fa), 8, 27, 33	法(制度,方法)
Learning, 3, 10—12	学
Learning for the sake of one's self(weichi chih hsüeh), 52, 58	为己之学
Learning of Principle(li-hsüeh), 63	理学
Learning of the Mind-and-Heart(hsinhsüeh), 63	心学
Legalism, 16, 18—20, 29, 117	法家
Liberal education, 137—138	通才教育
Liberalism, 100	自由主义
Liberation, 100	解放
Li Chih, 77	李贽
Li-hsüeh. See Learning of Principle	理学
Lin Tse-hsü, 68—71, 74, 76	林则徐
Lin Yutang, 94	林语堂
Li Ta-chao, 97—98	李大钊
Literary expression, 47	文学
Liu Shao-ch'i, 101, 103	刘少奇
Long March, 99, 103	长征
Lotus Sūtra, 22, 32, 39	《莲花经》
Lu Hsiang-shan, 63, 87, 89	陆象山
Lü Liu-liang, 65—66, 90	吕留良
Lu Lung-ch'i, 65	陆陇其
Mahayana Buddhism, 22	大乘佛教
Manchus, 84	满族
Mandala of Heavenly Life, 32	天寿国曼荼罗
Manifest bright virtue. See Ming ming-te	显示光明的德性(明明德)
Mao Tse-tung, 88, 98—103, 105—106	毛泽东
Maruyama Masao, 76	丸山真男
Marxism-Leninism, 102	马克思—列宁主义
Mean(Chung yung), 56—57, 63	中庸
Meditation, 24	坐禅
Meiji emperor, 75, 78—80, 84, 91	明治天皇
Meiji restoration, 76	明治维新
Mencius, 3—4, 6—9, 13, 117	孟子
Mind of the Way, 56—57, 69—70	道心

Ming ming-te (manifest bright virtue), 53—54	明明德(显示光明的德性)
Mishima Yukio, 77	三岛由纪夫
Missionary religion, 24—26, 44, 59	传教的宗教
Mito school, 78	水户学派
Monkey, 129—130	猴王
Mo Tzu, 7	墨子
Naked morality, 102—103	不加修饰的道德
National essence, 93	民族的精华(国粹)
Nationalism, 93	民族
National learning (kokugaku), 78, 111	国学
Needham, Joseph, 124	李约瑟
Neo-Confucianism, 43—66, 72, 85—88, 101—102, 108, 112, 115, 121	理学
Nirvana, 23, 54	涅槃
Nobility 5; of Heaven and man, 4	爵;天爵、人爵
Noble Eightfold Path. See Eightfold Path	八正道
Noble man, 2, 4, 5, 35, 48—49, 119—120	君子
Ogyū Sorai, 76	荻生徂徕
Open Door policy, 104	开放政策
Opium War, 67—70	鸦片战争
Perry, Admiral Matthew, 67, 75, 84	柏利,海军将军马修
Platform Sūtra, 37—41	《坛经》
Practical learning (shih hsüeh), 48; jitsugaku (Jap.) 61	实学;实学(じつがく)
Primal Whole (hun-tun), 74	混沌
Prince Shōtoku, 27—35, 78—80	圣德太子
Principle, 36, 61; and its realization (li-shih wu-ai), 36	理;及其实现(理实无碍)
Printing, 46, 59	印刷
Profit (gain, advantage, li), 6, 117	利(得利,获利)
Progress, 68, 93—104	进步
Prophetic role or voice, 89, 92, 96	预言的作用或声音
Pu li wen-tzu (nondependence on words and phrases), 47	不立文字(不靠语言文字)
Pure criticism (ch'ing-i), 92	清议
Pure Land Buddhism, 37, 45, 94	净土宗
Quiet-sitting, 57	静坐
Record of Rites (Li Chi), 52, 58	《礼记》

Red Guards, 103	红卫兵
Refinement and singleness of mind, 57	惟精惟一
Reflections on Things at Hand. See Chin-ssu lu	《近思录》
Reischauer, A. K., 26	赖绍华(赖肖尔)
Renew the people(hsin min), 53, 56, 95	新民
Reverence, 1	敬
Rites(li), 1, 6, 11—12, 58	礼
Ritual. See Rites	礼(见礼)
Ruler, 16, 37	统治者
Sage, 31	贤
Saichō, 35	最澄
Sakuma Shōzan, 76—77, 81	佐久间象山
Sansom, Sir George, 104	桑逊,乔治爵士
Schools, 50, 85, 91, 109—113; foreign, 98; state, 50, 91	学校;洋学堂;太学
Self, 24, 25	自我
Self-strengtheners, 80—88	自强
Seventeen Articles of Prince Shōtoku, 27—35, 78	圣德太子宪法"十七条"
Shang dynasty, 1	商朝
Sheet of loose sand(Sun Yat-sen), 97	一盘散沙(孙中山)
Shintō, 34, 35, 78, 88, 111	神道
Skepticism, 31—32	怀疑主义
Spiritual pollution, 133	精神污染
State, 36—37, 46, 109—113; building of, 25—28, 83	国家;建立～
Stevenson, Robert Louis, 76—77	史蒂文森,罗伯特·路易
Substance and function, 47—48, 82, 131; whole substance and great functioning(Chu Hsi), 55	体与用;全体与大用(朱熹)
Sung dynasty, 46—58	宋朝
Sun Yat-sen, 88, 96—97, 115	孙中山(逸仙)
T'ai-p'ing yü-lan, 46	《太平御览》
T'ang dynasty, 26, 46	唐朝
T'ang Pin, 65	汤斌
Taoism, 10, 21, 51, 94	道家
Tao-t'ung(tradition of, or succession to, the Way), 89	道统(道的传统或继承)
Ta t'ung shu(Book of Grand Commonalty), 88	《大同书》
Technical specialization, 47, 81—82	技术专业化

Tennō(emperor),31	天皇
Three Teachings,49	三教
Three Treasures,28	三宝
Tōdaiji,36	东大寺
Tōjō Hideki,79	东条英机
Tokugawa shogunate,71,75	德川将军
Tōyō no dōtoku,seiyō no geijutsu(moral and spiritual values of the East and technical skills of the West),77—78,81	东洋の道德,西洋の技术（东方的道德精神的价值与西方的技术）
Trilling,Lionel,134	特里林,李昂纳尔
Tsai Ching,50—51	蔡京
Tseng Ching rebellion,65,90	曾静叛逆
Tseng Kuo-fan,80	曾国藩
Tso Tsung-t'ang,80—81	左宗棠
Tung Chung-shu,15—19,29—30	董仲舒
Utilitarianism,7,51	功利主义
Vimalakirti,24,32,39	《维摩诘经》
Wang An-shih,19,50,95	王安石
Wang Ken,89	王艮
Wang Mang,18—19	王莽
Wang Yang-ming,63,65,76,86,89,120	王阳明
Way(Tao),5	道
Wei Yüan,75—76	魏源
Well-fields,9,18	井田制
Wo Jen,82,88	倭仁
Wu Ch'eng,82	吴澄
Yamaga Sokō,63,76	山鹿素行
Yamazaki Ansai,63,87	山崎闇斋
Yen Fu,85,88	严复
Yen Hui,48—49	颜回
Yi dynasty(Korea),71	李朝(朝鲜)
Yoshida Shōin,75—80,88,89,92	吉田松阴
Yuan(Mongol)dynasty,60,73	元(蒙古)朝
Yung-cheng emperor,65	雍正皇帝

译后记

本书作者狄百瑞（William Theodore de Bary，1919—　）是当代美国研究远东思想史的权威学者；他以毕生精力从事于这一专门领域的研究与教学工作，著作宏富，对宋明理学尤有精湛的研究和丰硕的成果。几十年来他一直担任哥伦比亚大学教授，曾兼任副校长和东方语文系主任。

80年代末，狄百瑞教授应哈佛大学的邀请，担任赖绍华（Reischauer）讲座讲演，这次系列讲演随后结集为本书，它在某种程度上可以看作是作者晚年对自己在这一研究领域心得的一份提纲式的总结。

书中有三处引文或人名，未能在作者所注明的出处找到原文，或系由于作者的笔误所致，只好暂根据作者的原文译出，候将来再行补订。

这个中译本承作者狄百瑞教授本人撰写了一篇序言，又承友人中国社会科学院的庞朴和刘东两位先生大力协助出版，并此志谢。

译者识

1994年3月，北京清华园

EAST ASIAN CIVILIZATION

A Dialogue In Five Stages

Wm. Theodore de Bary

Copyright 1988 by the President and Fellows of Harvard College

Harvard University Press

Cambridge, Massachusetts

London, England

1988

"海外中国研究丛书"书目

1. 中国的现代化 [美]吉尔伯特·罗兹曼 主编 国家社会科学基金"比较现代化"课题组 译 沈宗美 校
2. 寻求富强:严复与西方 [美]本杰明·史华兹 著 叶凤美 译
3. 中国现代思想中的唯科学主义(1900—1950) [美]郭颖颐 著 雷颐 译
4. 台湾:走向工业化社会 [美]吴元黎 著
5. 中国思想传统的现代诠释 余英时 著
6. 胡适与中国的文艺复兴:中国革命中的自由主义,1917—1937 [美]格里德 著 鲁奇 译
7. 德国思想家论中国 [德]夏瑞春 编 陈爱政 等译
8. 摆脱困境:新儒学与中国政治文化的演进 [美]墨子刻 著 颜世安 高华 黄东兰 译
9. 儒家思想新论:创造性转换的自我 [美]杜维明 著 曹幼华 单丁 译 周文彰 等校
10. 洪业:清朝开国史 [美]魏斐德 著 陈苏镇 薄小莹 包伟民 陈晓燕 牛朴 谭天星 译 阎步克 等校
11. 走向21世纪:中国经济的现状、问题和前景 [美]D.H.帕金斯 著 陈志标 编译
12. 中国:传统与变革 [美]费正清 赖肖尔 主编 陈仲丹 潘兴明 庞朝阳 译 吴世民 张子清 洪邮生 校
13. 中华帝国的法律 [美]D.布朗 C.莫里斯 著 朱勇 译 梁治平 校
14. 梁启超与中国思想的过渡(1890—1907) [美]张灏 著 崔志海 葛夫平 译
15. 儒教与道教 [德]马克斯·韦伯 著 洪天富 译
16. 中国政治 [美]詹姆斯·R.汤森 布兰特利·沃马克 著 顾速 董方 译
17. 文化、权力与国家:1900—1942年的华北农村 [美]杜赞奇 著 王福明 译
18. 义和团运动的起源 [美]周锡瑞 著 张俊义 王栋 译
19. 在传统与现代性之间:王韬与晚清革命 [美]柯文 著 雷颐 罗检秋 译
20. 最后的儒家:梁漱溟与中国现代化的两难 [美]艾恺 著 王宗昱 冀建中 译
21. 蒙元入侵前夜的中国日常生活 [法]谢和耐 著 刘东 译
22. 东亚之锋 [美]小R.霍夫亨兹 K.E.柯德尔 著 黎鸣 译
23. 中国社会史 [法]谢和耐 著 黄建华 黄迅余 译
24. 从理学到朴学:中华帝国晚期思想与社会变化面面观 [美]艾尔曼 著 赵刚 译
25. 孔子哲学思微 [美]郝大维 安乐哲 著 蒋弋为 李志林 译
26. 北美中国古典文学研究名家十年文选 乐黛云 陈珏 编选
27. 东亚文明:五个阶段的对话 [美]狄百瑞 著 何兆武 何冰 译
28. 五四运动:现代中国的思想革命 [美]周策纵 著 周子平 等译
29. 近代中国与新世界:康有为变法与大同思想研究 [美]萧公权 著 汪荣祖 译
30. 功利主义儒家:陈亮对朱熹的挑战 [美]田浩 著 姜长苏 译
31. 莱布尼兹和儒学 [美]孟德卫 著 张学智 译
32. 佛教征服中国:佛教在中国中古早期的传播与适应 [荷兰]许理和 著 李四龙 裴勇 等译
33. 新政革命与日本:中国,1898—1912 [美]任达 著 李仲贤 译
34. 经学、政治和宗族:中华帝国晚期常州今文学派研究 [美]艾尔曼 著 赵刚 译
35. 中国制度史研究 [美]杨联陞 著 彭刚 程钢 译

36. 汉代农业:早期中国农业经济的形成 [美]许倬云 著 程农 张鸣 译 邓正来 校
37. 转变的中国:历史变迁与欧洲经验的局限 [美]王国斌 著 李伯重 连玲玲 译
38. 欧洲中国古典文学研究名家十年文选 乐黛云 陈珏 龚刚 编选
39. 中国农民经济:河北和山东的农民发展,1890—1949 [美]马若孟 著 史建云 译
40. 汉哲学思维的文化探源 [美]郝大维 安乐哲 著 施忠连 译
41. 近代中国之种族观念 [英]冯客 著 杨立华 译
42. 血路:革命中国中的沈定一(玄庐)传奇 [美]萧邦奇 著 周武彪 译
43. 历史三调:作为事件、经历和神话的义和团 [美]柯文 著 杜继东 译
44. 斯文:唐宋思想的转型 [美]包弼德 著 刘宁 译
45. 宋代江南经济史研究 [日]斯波义信 著 方健 何忠礼 译
46. 一个中国村庄:山东台头 杨懋春 著 张雄 沈炜 秦美珠 译
47. 现实主义的限制:革命时代的中国小说 [美]安敏成 著 姜涛 译
48. 上海罢工:中国工人政治研究 [美]裴宜理 著 刘平 译
49. 中国转向内在:两宋之际的文化转向 [美]刘子健 著 赵冬梅 译
50. 孔子:即凡而圣 [美]赫伯特·芬格莱特 著 彭国翔 张华 译
51. 18世纪中国的官僚制度与荒政 [法]魏丕信 著 徐建青 译
52. 他山的石头记:宇文所安自选集 [美]宇文所安 著 田晓菲 编译
53. 危险的愉悦:20世纪上海的娼妓问题与现代性 [美]贺萧 著 韩敏中 盛宁 译
54. 中国食物 [美]尤金·N.安德森 著 马嬿 刘东 译 刘东 审校
55. 大分流:欧洲、中国及现代世界经济的发展 [美]彭慕兰 著 史建云 译
56. 古代中国的思想世界 [美]本杰明·史华兹 著 程钢 译 刘东 校
57. 内闱:宋代的婚姻和妇女生活 [美]伊沛霞 著 胡志宏 译
58. 中国北方村落的社会性别与权力 [加]朱爱岚 著 胡玉坤 译
59. 先贤的民主:杜威、孔子与中国民主之希望 [美]郝大维 安乐哲 著 何刚强 译
60. 向往心灵转化的庄子:内篇分析 [美]爱莲心 著 周炽成 译
61. 中国人的幸福观 [德]鲍吾刚 著 严蓓雯 韩雪临 吴德祖 译
62. 闺塾师:明末清初江南的才女文化 [美]高彦颐 著 李志生 译
63. 缀珍录:十八世纪及其前后的中国妇女 [美]曼素恩 著 定宜庄 颜宜葳 译
64. 革命与历史:中国马克思主义历史学的起源,1919—1937 [美]德里克 著 翁贺凯 译
65. 竞争的话语:明清小说中的正统性、本真性及所生成之意义 [美]艾梅兰 著 罗琳 译
66. 中国妇女与农村发展:云南禄村六十年的变迁 [加]宝森 著 胡玉坤 译
67. 中国近代思维的挫折 [日]岛田虔次 著 甘万萍 译
68. 中国的亚洲内陆边疆 [美]拉铁摩尔 著 唐晓峰 译
69. 为权力祈祷:佛教与晚明中国士绅社会的形成 [加]卜正民 著 张华 译
70. 天潢贵胄:宋代宗室史 [美]贾志扬 著 赵冬梅 译
71. 儒家之道:中国哲学之探讨 [美]倪德卫 著 [美]万白安 编 周炽成 译
72. 都市里的农家女:性别、流动与社会变迁 [澳]杰华 著 吴小英 译
73. 另类的现代性:改革开放时代中国性别化的渴望 [美]罗丽莎 著 黄新 译
74. 近代中国的知识分子与文明 [日]佐藤慎一 著 刘岳兵 译
75. 繁盛之阴:中国医学史中的性(960—1665) [美]费侠莉 著 甄橙 主译 吴朝霞 主校
76. 中国大众宗教 [美]韦思谛 编 陈仲丹 译
77. 中国诗画语言研究 [法]程抱一 著 涂卫群 译
78. 中国的思维世界 [日]沟口雄三 小岛毅 著 孙歌 等译

79. 德国与中华民国　[美]柯伟林 著　陈谦平 陈红民 武菁 申晓云 译　钱乘旦 校
80. 中国近代经济史研究:清末海关财政与通商口岸市场圈　[日]滨下武志 著　高淑娟 孙彬 译
81. 回应革命与改革:皖北李村的社会变迁与延续　韩敏 著　陆益龙 徐新玉 译
82. 中国现代文学与电影中的城市:空间、时间与性别构形　[美]张英进 著　秦立彦 译
83. 现代的诱惑:书写半殖民地中国的现代主义(1917—1937)　[美]史书美 著　何恬 译
84. 开放的帝国:1600年前的中国历史　[美]芮乐伟·韩森 著　梁侃 邹劲风 译
85. 改良与革命:辛亥革命在两湖　[美]周锡瑞 著　杨慎之 译
86. 章学诚的生平与思想　[美]倪德卫 著　杨立华 译
87. 卫生的现代性:中国通商口岸健康与疾病的意义　[美]罗芙芸 著　向磊 译
88. 道与庶道:宋代以来的道教、民间信仰和神灵模式　[美]韩明士 著　皮庆生 译
89. 间谍王:戴笠与中国特工　[美]魏斐德 著　梁禾 译
90. 中国的女性与性相:1949年以来的性别话语　[英]艾华 著　施施 译
91. 近代中国的犯罪、惩罚与监狱　[荷]冯客 著　徐有威 等译　潘兴明 校
92. 帝国的隐喻:中国民间宗教　[英]王斯福 著　赵旭东 译
93. 王弼《老子注》研究　[德]瓦格纳 著　杨立华 译
94. 寻求正义:1905—1906年的抵制美货运动　[美]王冠华 著　刘甜甜 译
95. 传统中国日常生活中的协商:中古契约研究　[美]韩森 著　鲁西奇 译
96. 从民族国家拯救历史:民族主义话语与中国现代史研究　[美]杜赞奇 著　王宪明 高继美 李海燕 李点 译
97. 欧几里得在中国:汉译《几何原本》的源流与影响　[荷]安国风 著　纪志刚 郑诚 郑方磊 译
98. 十八世纪中国社会　[美]韩书瑞 罗友枝 著　陈仲丹 译
99. 中国与达尔文　[美]浦嘉珉 著　钟永强 译
100. 私人领域的变形:唐宋诗词中的园林与玩好　[美]杨晓山 著　文韬 译
101. 理解农民中国:社会科学哲学的案例研究　[美]李丹 著　张天虹 张洪云 张胜波 译
102. 山东叛乱:1774年的王伦起义　[美]韩书瑞 著　刘平 唐雁超 译
103. 毁灭的种子:战争与革命中的国民党中国(1937—1949)　[美]易劳逸 著　王建朗 王贤知 贾维 译
104. 缠足:"金莲崇拜"盛极而衰的演变　[美]高彦颐 著　苗延威 译
105. 饕餮之欲:当代中国的食与色　[美]冯珠娣 著　郭乙瑶 马磊 江素侠 译
106. 翻译的传说:中国新女性的形成(1898—1918)　胡缨 著　龙瑜宬 彭珊珊 译
107. 中国的经济革命:20世纪的乡村工业　[日]顾琳 著　王玉茹 张玮 李进霞 译
108. 礼物、关系学与国家:中国人际关系与主体性建构　杨美惠 著　赵旭东 孙珉 译　张跃宏 译校
109. 朱熹的思维世界　[美]田浩 著
110. 皇帝和祖宗:华南的国家与宗族　[英]科大卫 著　卜永坚 译
111. 明清时代东亚海域的文化交流　[日]松浦章 著　郑洁西 等译
112. 中国美学问题　[美]苏源熙 著　卞东波 译　张强强 朱霞欢 校
113. 清代内河水运史研究　[日]松浦章 著　董科 译
114. 大萧条时期的中国:市场、国家与世界经济　[日]城山智子 著　孟凡礼 尚国敏 译　唐磊 校
115. 美国的中国形象(1931—1949)　[美]T.克里斯托弗·杰斯普森 著　姜智芹 译
116. 技术与性别:晚期帝制中国的权力经纬　[英]白馥兰 著　江湄 邓京力 译

117. 中国善书研究　[日]酒井忠夫 著　刘岳兵 何英莺 孙雪梅 译
118. 千年末世之乱：1813年八卦教起义　[美]韩书瑞 著　陈仲丹 译
119. 西学东渐与中国事情　[日]增田涉 著　由其民 周启乾 译
120. 六朝精神史研究　[日]吉川忠夫 著　王启发 译
121. 矢志不渝：明清时期的贞女现象　[美]卢苇菁 著　秦立彦 译
122. 明代乡村纠纷与秩序：以徽州文书为中心　[日]中岛乐章 著　郭万平 高飞 译
123. 中华帝国晚期的欲望与小说叙述　[美]黄卫总 著　张蕴爽 译
124. 虎、米、丝、泥：帝制晚期华南的环境与经济　[美]马立博 著　王玉茹 关永强 译
125. 一江黑水：中国未来的环境挑战　[美]易明 著　姜智芹 译
126. 《诗经》原意研究　[日]家井真 著　陆越 译
127. 施剑翘复仇案：民国时期公众同情的兴起与影响　[美]林郁沁 著　陈湘静 译
128. 华北的暴力和恐慌：义和团运动前夕基督教传播和社会冲突　[德]狄德满 著　崔华杰 译
129. 铁泪图：19世纪中国对于饥馑的文化反应　[美]艾志端 著　曹曦 译
130. 饶家驹安全区：战时上海的难民　[美]阮玛霞 著　白华山 译
131. 危险的边疆：游牧帝国与中国　[美]巴菲尔德 著　袁剑 译
132. 工程国家：民国时期(1927—1937)的淮河治理及国家建设　[美]戴维·艾伦·佩兹 著　姜智芹 译
133. 历史宝筏：过去、西方与中国妇女问题　[美]季家珍 著　杨可 译
134. 姐妹们与陌生人：上海棉纱厂女工，1919—1949　[美]韩起澜 著　韩慈 译
135. 银线：19世纪的世界与中国　林满红 著　詹庆华 林满红 译
136. 寻求中国民主　[澳]冯兆基 著　刘悦斌 徐硙 译
137. 墨梅　[美]毕嘉珍 著　陆敏珍 译
138. 清代上海沙船航运业史研究　[日]松浦章 著　杨蕾 王亦铮 董科 译
139. 男性特质论：中国的社会与性别　[澳]雷金庆 著　[澳]刘婷 译
140. 重读中国女性生命故事　游鉴明 胡缨 季家珍 主编
141. 跨太平洋位移：20世纪美国文学中的民族志、翻译和文本间旅行　黄运特 著　陈倩 译
142. 认知诸形式：反思人类精神的统一性与多样性　[英]G.E.R.劳埃德 著　池志培 译
143. 中国乡村的基督教：1860—1900江西省的冲突与适应　[美]史维东 著　吴薇 译
144. 假想的"满大人"：同情、现代性与中国疼痛　[美]韩瑞 著　袁剑 译
145. 中国的捐纳制度与社会　伍跃 著
146. 文书行政的汉帝国　[日]富谷至 著　刘恒武 孔李波 译
147. 城市里的陌生人：中国流动人口的空间、权力与社会网络的重构　[美]张骊 著　袁长庚 译
148. 性别、政治与民主：近代中国的妇女参政　[澳]李木兰 著　方小平 译
149. 近代日本的中国认识　[日]野村浩一 著　张学锋 译
150. 狮龙共舞：一个英国人笔下的威海卫与中国传统文化　[英]庄士敦 著　刘本森 译　威海市博物馆 郭大松 校
151. 人物、角色与心灵：《牡丹亭》与《桃花扇》中的身份认同　[美]吕立亭 著　白华山 译
152. 中国社会中的宗教与仪式　[美]武雅士 著　彭泽安 邵铁峰 译　郭潇威 校
153. 自贡商人：近代早期中国的企业家　[美]曾小萍 著　董建中 译
154. 大象的退却：一部中国环境史　[英]伊懋可 著　梅雪芹 毛利霞 王玉山 译
155. 明代江南土地制度研究　[日]森正夫 著　伍跃 张学锋 等译　范金民 夏维中 审校
156. 儒学与女性　[美]罗莎莉 著　丁佳伟 曹秀娟 译

157. 行善的艺术:晚明中国的慈善事业(新译本) [美]韩德玲 著 曹晔 译
158. 近代中国的渔业战争和环境变化 [美]穆盛博 著 胡文亮 译
159. 权力关系:宋代中国的家族、地位与国家 [美]柏文莉 著 刘云军 译
160. 权力源自地位:北京大学、知识分子与中国政治文化,1898—1929 [美]魏定熙 著 张蒙 译
161. 工开万物:17世纪中国的知识与技术 [德]薛凤 著 吴秀杰 白岚玲 译
162. 忠贞不贰:辽代的越境之举 [英]史怀梅 著 曹流 译
163. 内藤湖南:政治与汉学(1866—1934) [美]傅佛果 著 陶德民 何英莺 译
164. 他者中的华人:中国近现代移民史 [美]孔飞力 著 李明欢 译 黄鸣奋 校
165. 古代中国的动物与灵异 [英]胡司德 著 蓝旭 译
166. 两访中国茶乡 [英]罗伯特·福琼 著 敖雪岗 译
167. 缔造选本:《花间集》的文化语境与诗学实践 [美]田安 著 马强才 译
168. 扬州评话探讨 [丹麦]易德波 著 米锋 易德波 译 李今芸 校译
169. 《左传》的书写与解读 李惠仪 著 文韬 许明德 译
170. 以竹为生:一个四川手工造纸村的20世纪社会史 [德]艾约博 著 韩巍 译 吴秀杰 校
171. 东方之旅:1579—1724 耶稣会传教团在中国 [美]柏理安 著 毛瑞方 译
172. "地域社会"视野下的明清史研究:以江南和福建为中心 [日]森正夫 著 于志嘉 马一虹 黄东兰 阿风 等译
173. 技术、性别、历史:重新审视帝制中国的大转型 [英]白馥兰 著 吴秀杰 白岚玲 译
174. 中国小说戏曲史 [日]狩野直喜 著 张真 译
175. 历史上的黑暗一页:英国外交文件与英美海军档案中的南京大屠杀 [美]陆束屏 编著/翻译
176. 罗马与中国:比较视野下的古代世界帝国 [奥]沃尔特·施德尔 主编 李平 译
177. 矛与盾的共存:明清时期江西社会研究 [韩]吴金成 著 崔荣根 译 薛戈 校译
178. 唯一的希望:在中国独生子女政策下成年 [美]冯文 著 常姝 译
179. 国之枭雄:曹操传 [澳]张磊夫 著 方笑天 译
180. 汉帝国的日常生活 [英]鲁惟一 著 刘洁 余霄 译
181. 大分流之外:中国和欧洲经济变迁的政治 [美]王国斌 罗森塔尔 著 周琳 译 王国斌 张萌 审校
182. 中正之笔:颜真卿书法与宋代文人政治 [美]倪雅梅 著 杨简茹 译 祝帅 校译
183. 江南三角洲市镇研究 [日]森正夫 编 丁韵 胡婧 等译 范金民 审定
184. 忍辱负重的使命:美国外交官记载的南京大屠杀与劫后的社会状况 [美]陆束屏 编著/翻译
185. 修仙:古代中国的修行与社会记忆 [美]康儒博 著 顾漩 译
186. 烧钱:中国人生活世界中的物质精神 [美]柏桦 著 袁剑 刘玺鸿 译
187. 话语的长城:文化中国历险记 [美]苏源熙 著 盛珂 译
188. 诸葛武侯 [日]内藤湖南 著 张真 译
189. 盟友背信:一战中的中国 [英]吴芳思 克里斯托弗·阿南德尔 著 张宇扬 译
190. 亚里士多德在中国:语言、范畴和翻译 [英]罗伯特·沃迪 著 韩小强 译
191. 马背上的朝廷:巡幸与清朝统治的建构,1680—1785 [美]张勉治 著 董建中 译
192. 申不害:公元前四世纪中国的政治哲学家 [美]顾立雅 著 马腾 译
193. 晋武帝司马炎 [日]福原启郎 著 陆帅 译
194. 唐人如何吟诗:带你走进汉语音韵学 [日]大岛正二 著 柳悦 译

195. 古代中国的宇宙论　［日］浅野裕一 著　吴昊阳 译
196. 中国思想的道家之论:一种哲学解释　［美］陈汉生 著　周景松 谢尔逊 等译　张丰乾 校译
197. 诗歌之力:袁枚女弟子屈秉筠(1767—1810)　［加］孟留喜 著　吴夏平 译
198. 中国逻辑的发现　［德］顾有信 著　陈志伟 译
199. 高丽时代宋商往来研究　［韩］李镇汉 著　李廷青 戴琳剑 译　楼正豪 校
200. 中国近世财政史研究　［日］岩井茂树 著　付勇 译　范金民 审校
201. 魏晋政治社会史研究　［日］福原启郎 著　陆帅 刘萃峰 张紫毫 译
202. 宋帝国的危机与维系:信息、领土与人际网络　［比利时］魏希德 著　刘云军 译
203. 中国精英与政治变迁:20世纪初的浙江　［美］萧邦奇 著　徐立望 杨涛羽 译　李齐 校
204. 北京的人力车夫:1920年代的市民与政治　［美］史谦德 著　周书垚 袁剑 译　周育民 校
205. 1901—1909年的门户开放政策:西奥多·罗斯福与中国　［美］格雷戈里·摩尔 著　赵嘉玉 译
206. 清帝国之乱:义和团运动与八国联军之役　［美］明恩溥 著　郭大松 刘本森 译
207. 宋代文人的精神生活(960—1279)　［美］何复平 著　叶树勋 单虹泽 译
208. 梅兰芳与20世纪国际舞台:中国戏剧的定位与置换　［美］田民 著　何恬 译